U0918912

毕业前的
最后一堂
必修课
孙郡锴 著
湖南文艺出版社
HUNAN LITERATURE AND ART PUBLISHING HOUSE

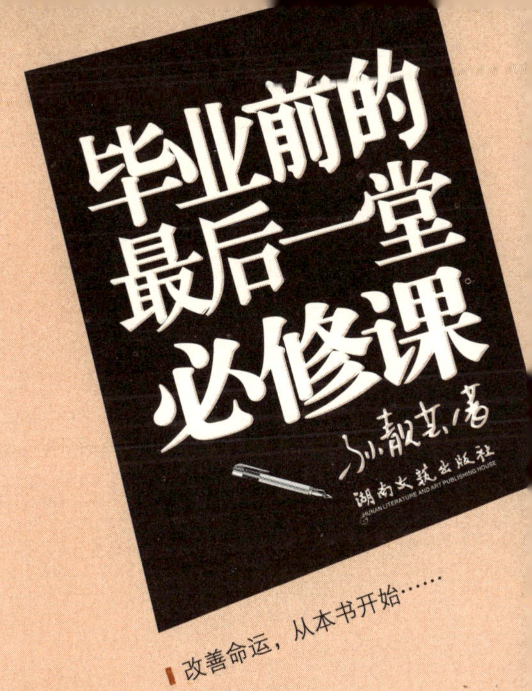

改善命运，从本书开始……

图书在版编目（CIP）数据

毕业前的最后一堂必修课 / 孙靓芸著. —长沙：湖南文艺出版社，2010.10
ISBN 978-7-5404-4660-4

Ⅰ. ①毕… Ⅱ. ①孙… Ⅲ. ①成功心理学—通俗读物 Ⅳ. ① B848.4-49

中国版本图书馆 CIP 数据核字（2010）第 198089 号

上架建议：励志·成功心理学

毕业前的最后一堂必修课

作　　者：孙靓芸
出 版 人：刘清华
责任编辑：唐　明
特约编辑：一　草　耿金丽　辛　艳
营销支持：布　狄　刘　迎
版式设计：付　莉
封面设计：门乃婷装帧设计
出版发行：湖南文艺出版社
（长沙市雨花区东二环一段 508 号　邮编：410014）
网　　址：www.hnwy.net
印　　刷：北京嘉业印刷厂
经　　销：新华书店
开　　本：880 × 1230　1/32
字　　数：160 千字
印　　张：5.5
版　　次：2010 年 12 月第 1 版
印　　次：2010 年 12 月第 1 次印刷
书　　号：ISBN 978-7-5404-4660-4
定　　价：25.00 元
（若有质量问题，请直接与本社出版科联系调换）

前言

那些学校里没来得及教会你的事情

每当毕业的时刻来临，结束了多年的学生生涯，即将跨出校门、踏进社会的时候，似乎一切都已经准备好了，未来正在向我们敞开大门。可是，为什么这个时候，大部分人的心目中，却多的是失落和迷惘?

更有很多踌躇满志的年轻人，带着初生牛犊不怕虎的稚气踏上新的旅程，可是经过一些挫折后，也陷入思想的困顿：我究竟能做什么？适合做什么？在这个社会里，怎样才能找到我的位置?

我们每个人在进入社会工作以前，都经历了漫长的学校生涯。可是把学校里的功课做好，就等于为未来做好准备了吗？很显然，很多时候，答案是否定的。

在学校里，我们学习语言，学习天文地理，学习各种知识技能……可是，最重要的一门课程却被我们落下。那就是：认识自我。

很多人一生都在内心苦苦寻找认清自己的路径。因为只有正确地认识了自我，属于你的特别生命旅程才能得以展开。

“每一条路都可以成功”，只要你选择的那条路是适合自己的。

“苹果”电脑创办人乔布斯曾有段著名的话：“人生短暂，所以不要浪费时间活在别人的人生里。不要受限于教条，那是为别人的思想结晶而活。别让他们的意见淹没了你的内在声音。要有勇气追随自己的心意和直觉，它们往往知道你真正想要做什么，其他的都是其次。”

认识自我，选择最适合自己的方向，这需要的是另一种智慧和勇气。

而这本薄薄的小书，正是旅居加拿大的孙靓芸女士，多年以来写给自己的毕业学子的人生赠言结集。她从中精选了 10 句箴言，代表了人生不同阶段所必须的 10 种智慧，温暖隽永，意味深远，正传递出一个老师对莘莘学子的祝福和叮咛。

希望这堂你毕业前的最后一门必修课，可以帮你结好智慧行囊，在你未来的人生旅途中，为你遮风挡雨，伴你实现自我，通往成功。

目录

第1句

『自己是谁』比『要成为谁』更重要。

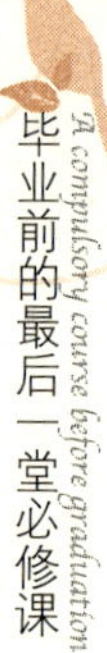

法国哲学家加缪曾说："一个人随时随地都可能对自己的存在感到惊讶，也许是在公交车上，也许是在大街上，也可能是在任何地方。"我为什么会在这里？这世界为什么会有我的存在？加缪确实说出了众人的疑惑。

我们经常会思考到"存在"的问题，我们为什么会存在？为什么会来到这个世界上？

生存意义与生命的价值总在我们心里，时时地提问，质疑着我们、驱策着我们。提到人生，真是一门大学问。长年的教育生涯，无非也是在帮助学生发现自我，找到自己的专属道路，而这些也正是他们最疑惑、最难摸索的地方。

"这一生到底所为何来？"是我在课堂上与学子们经常讨论的话题。

人生起步的基础：了解自己

存在的话题，可以有不同学科的不同切入角度，但是我们在此排除科学、宗教等方向上的理解，纯就心灵理智层面的视角，来理解存在，发现自我。

人的一生都在内心苦苦寻找认清自己的路径，生命的旅程也确实应该由认识自我出发。认清自己，找出自己的特色所在、性格的优缺点、如何截长补短，如此面对人生所有的处境，才能够妥善应对与调整，步上有利于自己的人生道路。

根据两个人物乔和哈里所命名的“乔哈里资讯窗”（Johari Window），可以作为试图发现自己的思考基础。这个理论提到，每个人可以分成“四个部分的自己”，分别是：“公众我”，是别人知道，自己也知道的部分；“背脊我”，指的是别人知道，但是自己不知道的部分；“潜在我”，则是别人不知道，自己也不知道的部分；以及“隐藏我”，是指别人不知道，自己知道的部分。

这“四我”是由“知道”与“不知道”的轴线所分出的象限。对我们来说，当然是要发掘不知道的部分，这其中可能有恶有善，有好有坏。只有透过持续的探索，增进自我认知，从而才能找到真正的自己。

从四个方面找到可以分析自己的方向以后，可以继续从三个层面真正认清自我：

乔哈里资讯窗

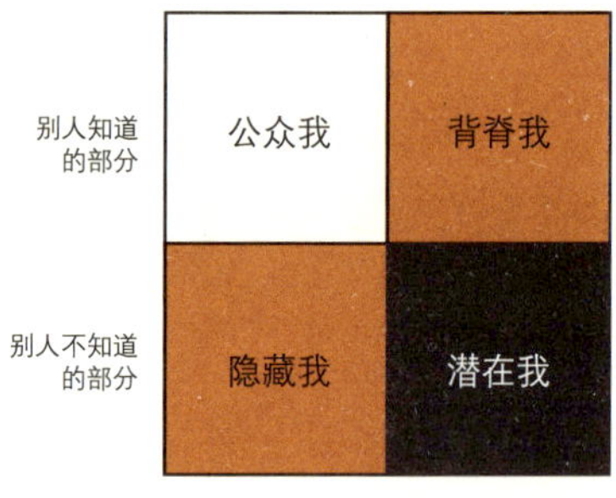

第一个层面是“自我接纳”：自我肯定是先肯定自己的长处特质，不卑不亢、很务实地理解自己的所有一切，不管是好的，或是坏的。这样做的目的是要接纳自己，不要讨厌自己。当自己缺乏信心，就容易厌恶自己，这样是不可能有成就的。同样地，也不要过度膨胀自己，认为自己无所不能，眼高于顶的结果，就会目中无人。我常常提醒一些有才华的学生，固然老天似乎给了他们一个还不错的天赋，但千万不可以此骄人。恃才傲物的人不是认清了自己，而是误了自己。因此，永远要提醒自己：是不是“脾气比才气还大”？

第二个层面是“自我肯定”：当自我接纳之后，要懂得隐恶扬善，修正缺点、发扬优点。找到信心的来源，自我肯定的依据。信心是我们勇敢出发的必备品，如果没有信心，是不可能找到自己的，我们总是要有自我肯定之处，才能据以拥有稳定的心理素质与做事信心。

第三个层面是“自我成长”：在前面两点的基础上，当我们接纳了自己、了解了自己的长处与短处，就能避免自曝其短，不自量力，做吃力不讨好的事情。我们应该在自己擅长的基础上，不断自我吸收与成长，保持进步状态，在学无止境的精神下，努力达到最好的境界。这就是天赋的发挥，也是存在的最佳意义。

以前有句话说，“一日之所需，百工斯为备。”我们每天所生活需要的各种事物杂乱繁多，因此要有各种从业者的出现，做好他们的分内事情，我们才买得到各式日用之类的生活所需品。换句话说，我们的生活能够顺利，其实是众人服务的结果。反过来说，自己若能也贡献一份心力，我们同样也是在服务他人。因此，自己的专长提供就很有意义了。

两个自知

顺着几个层面认清自己之后，接着要有两项“自知之明”。它们分别是：

〈一〉“认清自己”比“看清别人”更为重要。

如果一个人不懂得自我认识与反省，无论身处在世界任何的地方，都容易与他人扞格不入。因为找不到合适的位置与人交流，最终只会落得不合时宜、没有适合的摆处，不知道自己应如何自处、归于何处。所以，人最重要的是有自知之明，“人贵自知”这四个字，是重要的自我提醒。即若知道自己的缺点，也不应因此而自卑，而是自我警醒。我们了解自己的缺点，关键不是害怕自己的缺点是否成为别人的笑柄，而是警醒自己是否会因此缺陷而自毁前程。

当我们再看“人贵自知”这成语，或许可以有两层涵义，一种是了解自己的优缺点、以及所属的处境与身份；第二层涵义是当了解自己之后，为人处事就会比较得宜，不会做出不合身份与时机的事情。

我们经常会犯一种不自知的毛病，就是拿着显微镜看别人，却拿着望远镜看自己。将别人的缺点放大，但自己的缺点却放诸遥远，让其隐而不显。所以我们勇于揭发别人、指摘别人，但却吝于检讨自己。

人们常不自觉，将所有的观察重点都放在别人的缺点上，他人一丁点的小毛病，在自己眼中好像非常巨大，以批评他人当作自己的清高。但是别忘了，当我们用一根手指头指着别人的时候，四根手指头正指着自己。自以为看到他人之过，仿若将别人以 X 光镜彻底看透，这样看待别人，就是将重心放在别人身上，自己不会因此有很好成长的。别人的失败，不会是自己的成功。要改善处境，重点永远是在自己身上。就像屡创纪录的日本棒球明星铃木一朗这么说过："无论我曾多少次缔造了纪录，我仍然不觉得自己很强，我只会看到自己的弱点。"

人为什么会习惯"看清别人"，其实一言以蔽之，人生很多情绪上的痛苦是来自于比较与计较。当两个人摆在一起，好像就有个差别，就有个高低、优劣、好坏、富贫等等差异。比较心强、计较心重，看到的只是我比人家好、比别人大、比人家强的一些地方，既容易忽略别人的优点，也容易因此自满、自我膨胀而阻碍自己奋发向上。当然，如果是正面的比较，比如跟同学比成绩、跟同事比工作表现，那我们应该比较，好驱策自己向上。但是，不用比较与计较的事情太多了，诸如财富、诸如服装品牌等等。切记不要盲目比较，只有完全地认清自己，才能知道什么才是自己最需要的，盲目与别人比较是很不具意义的。

我们应该多将眼光与注意力拉回到自己身上，自我检视，自我修持。从自身改变做起，进而再影响别人。这才是推己及人的意义。

〈二〉自己是谁，比要成为谁重要。

现代的年轻人喜欢偶像，偶像魅力在年轻人心里种下了起而效尤的种子。比如两岸很多歌唱比赛节目，很多名模选拔赛，这让很多年轻人兴起了有为者亦若是的心理效应。那种站在台上、光鲜亮丽、受人欢呼的景象，成为了很多人的梦想与目标。

但是真正细数起来，能够适才适性的表演工作者人数仍属有限，有很大一部分的参与者其实并没有找到自己的人生方向，只是赶个热闹，受到媒体宣传效应的影响而已。工作一定要做自己喜欢的、擅长的，做得开心与专注才会成功。如果只是人云亦云，跟着大风转向，是不可能做好工作的。

甚至可能埋没了自己最好的天赋。

每个人都有殊胜之处。重点只在于：自己怎么挖掘？我们先来谈意大利文艺复兴时期最著名的雕刻艺术家米开朗基罗。

有人曾对这位大师说："你的技巧这么好，在你的雕塑下，一尊尊美丽的塑像得以问世。"米开朗基罗对此的回答是："不是的，不是我雕塑出美丽的塑像，其实，塑像早就存在石块里。我只是将多余的石头剔除，当多余的石头除去后，塑像就自然出现了。"

大师的话是一种很好的启发。在他的观念里面，塑像不是因他的技法，以"外力的方式"强令塑像出现，而是石头里面本来就藏着一个绝好的塑像，只要雕刻者懂得"去芜存菁"。

米开朗基罗的话当然是谦虚，但是他这句话点出的重点就是，很多最好的"本我"早就存在，只看自己能否去除迷障，去芜存菁后，与最好的自己相遇。简单地说，米开朗基罗的观念是一种"发掘"，而不是"创造"；是一种"发现"，而不是"发明"。从潜能的角度来说，每个人都有属于自己的专长、特性、性格等等。我们的方向是要找到自己的最好一面，然后找到最佳的舞台，尽情挥洒我们天赋的才情。

这个寻找过程当然要经过指点、摸索、乃至于痛苦的取舍。很难一步到位、立刻成就。正因为不是简单的工作，所以更要提醒大家这件任务的重要性。如果我们假定，上帝派我们来人世一遭，是有原因的。那么，找出天赋使命的过程，应该多少要费些周章。但说起来，这个观点也足以提醒我们：教育孩子的方法该如何拿捏？我们是要像个陶匠，完全塑造出我们心中的作品，还是像个园丁，只要适度的浇灌、引导植物自行成长？

太多的教育方式，尤其是东方国家，总偏向陶匠式的教育，以模型强行套在子女或学生身上，期待他们长成我们希望的样子。这种体制下的孩子很会念书，很会考试，但没有自我、欠缺思考。他们只知道听到什么、就去做什么，照单全收就对了。相对来说，西方的教育体系会强调孩子们的思考与创新，不是只让孩子们接受指令，有耳无嘴的“听训”而已。北欧小国芬兰的教育就是如此，他们强调 learn（学习）比 teach（教导）更重要。

总而言之，引导比教导更重要，如果一切只照着父母的期许，强力形塑子女的样貌，这样的成长必定会失去独立的性格、自我应有的样貌，当然，孩子也是不可能快乐做自己的。父母可能会因为流行、赚钱与否，来考虑建议小孩的人生方向。

但是，流行会变、潮流会改，至于赚钱与否，更不可能现在论定，重要的，还是要孩子自己认清自己的方向。

戴尔的故事：教育的真谛

全球知名的计算机制造商戴尔公司只花了十几年就成为全球第一的个人计算机厂商，创办人迈克·戴尔有个求学时候的故事。

戴尔当年仍在就读商学院的时候，毕业论文写的现在戴尔计算机的商业模式，以跳过中间商直销的方式，作为经营的模式。这份论文报告呈上去之后，他得到的成绩是C。因为当时的指导教授认为，“偏离了应该遵循的架构，这种商业模式没有用。”可是，戴尔并没有因此而放弃自己的想法，他没有气馁，自己照论文所写的方式执行，结果不用多言，他打造了属于自己的辉煌事业。

这个例子充分说明了，老师也可能看走眼，或是没跟上世界潮流。如果“天下无不是的老师”“天下无不是的父母”，那听话的戴尔不可能演出今天的事业传奇。

尼采说:“每个大师都有不知感恩的学生，但学生也可能成为日后的大师。”这里说的不是不去尊师重道，而是后生晚辈也可能有突破的见解，以及属于自己的天赋。

所以，教育的真谛是什么?那就是，让孩子做最好的自己、找到自己最大的发挥。以米开朗基罗的雕刻精神，去芜存菁，以减法的思考，帮孩子除去不必要的部分，然后慢慢发掘深藏在孩子深层的最大天赋的矿脉。找到后，就协助孩子进行最妥善的开采。

天赋的开发并不容易，因为有时候没有机会接触、也没有人点醒，所以我们以为发挥的最好的天分，可能只是自己的次佳天赋;谁知道或许还有更深、更丰富的矿脉隐藏在我们的细胞里，但是我们不自觉，平白浪费了这样的天赐资源。这时候父母与师长的提醒，乃至朋友的发现，甚至是工作场合的磨炼，人生经验的接触，都显得很重要。从这些接触中，我们要慢慢体悟自己可能的最佳自我是什么?从旁引导、点拨提醒，是旁人的帮助，但最要紧的是自己一定要细心留意。

一定要相信的是，这个世界上绝对没有两朵一模一样的花，同理，也不会有完全相同的人。因此，我们都是世上的唯一。是唯一，就有特色。我们不必东施效颦，不要一直有 Me too（我也是）的思维。如果只是存有“我也是”“我跟进”的想法，那就只能落于人后。而是要有 Me Only（我是唯一）的思考，让自己有不同的发挥。

而如何找出特色，正是我们每个人的人生功课。

我很多年前教过中学生，有一位学生成绩很不理想，父母伤透脑筋，担心日后他的升学与就业会遭遇困难。这孩子不喜欢上课，几乎没有喜欢的科目。唯一感兴趣的是涂鸦，没事儿喜欢拿张纸画老师与同学的上课模样。当然我也曾经是他画笔下的人物。他画的人物不是那么写实，某些角度看好像有戏谑的成分，说像不是特别像，但是确实抓住了些神韵。

他毕业后我们也没再联系，直到很多年之后，路上遇见一位也认识这位学生的朋友，听他提到了这位学生的近况。原来，他利用了自己的绘画才能，除了在街头帮人画人物速写、小有名气以外，也帮一些公司设计标帜、做起品牌形象工程，甚至还帮国外公司设计店徽、做整体店面的视觉设计，这些都让他拥有不错的收入。

后来我知道他的图画风格叫做Q版，也就是有点卡通化的画法。在现代年轻人喜欢可爱、KUSO风格的情况下，他的画会受到欢迎是可以想见的。平心而论，当年如果问我，这孩子日后的发展，我可能一时也回答不上来。尽管我不会武断论定他的前途堪虑，但一时间也想不到他的可能发展。但是人生就是如此，尽管他各方面都不臻理想，但是总有一种天赋是他独具的，靠着这样的天赋，他找到了自己。他不必去成为“科学家”“教授”，或是“高级经理人”，在多元化的今天，他也一定可以为自己的专长，找到挥洒的舞台。

结论很清楚，他不必扮演别人，他只需要呈现自己。

写下自己的生命剧本

管理学之父彼得·德鲁克的一句名言：“面对未来，每个人在自我管理时都必须自问，我是谁？我的长处何在？我的做事方法为何？我如何学习？我的价值观是什么？我究竟归属何处？我想贡献什么？以及我应该贡献什么？”

德鲁克大师的这些问句，正是每个人对自己的定位以及角色扮演的重要提问。想想看自己的生命意义，想想看自己的存在价值，也想想看是不是没有发现真正最好的自己，误了自己的一生，也错过了一个可能的天才。

弃材，其实是放错位置的天才。我和学生说，当我们没有发挥所长，就是人才的浪费，就是忽视了上帝派我们来这个世上的用意。不仅是自己的人生就此蹭蹋，借我们的天赋与热情服务人群的可能也就此扼杀了。这是多么可惜的事情呢！

每个人都在演出自己的一出戏，这出戏是不停地演出下去，它不会中止，也没法彩排。而每个人也都是自己舞台上的主角。同时，会有自己的人生剧本、情节起伏、场景编排。但自己不应该只是主角，也应该是导演才好。剧情可以自己安排。编导的过程，都不应该假手他人，戏该怎么往下走，就让自己好好设计与安排。生命的脚本，一定要依照自己的心声编纂。这出戏的好坏，不管有没有观众，但我们一定要主角尽情演出，当然最好能有许多人为之喝彩。

我与学生分享过苹果电脑创办人乔布斯说过的一段话："人生短暂，所以不要浪费时间活在别人的人生里，不要受限于教条，那是为别人的思想结晶而活。别让他们的意见淹没了你的内在声音，要有勇气跟随自己的心意和直觉，它们往往知道你真正想要做什么，其他的都是其次。”

是呀，想想看，从小到大，我们会因为别人的期待，而要求自己。我们扮演的是别人，而不是原汁原味的自己。固然，好的要求，我们要配合，也值得作为标准努力抵达；但是，更不应忘了上帝交托给我们的使命与天赋，这项天命要自己发现，自己坚持，自己完成。

过程中，要清楚明白并接受自己的优缺点，了解自己的专擅之处，改进自己的不妥缺点，尤其是坚守原则，不要轻易受到他人的影响而随波逐流。找到最佳的自己，要记得行行出状元，“每一条路都可以成功”。若是误解了自己，就会行行出状况了。

有一次我在一本日文书籍上面读到：“人的一生，有两个生日。一个是自己诞生的日子；一个是真正理解自己的日子。”确实，理解自己以后，才是真正地重获新生，因为我们将面对完全不同的自己，迎接截然不同的人生。

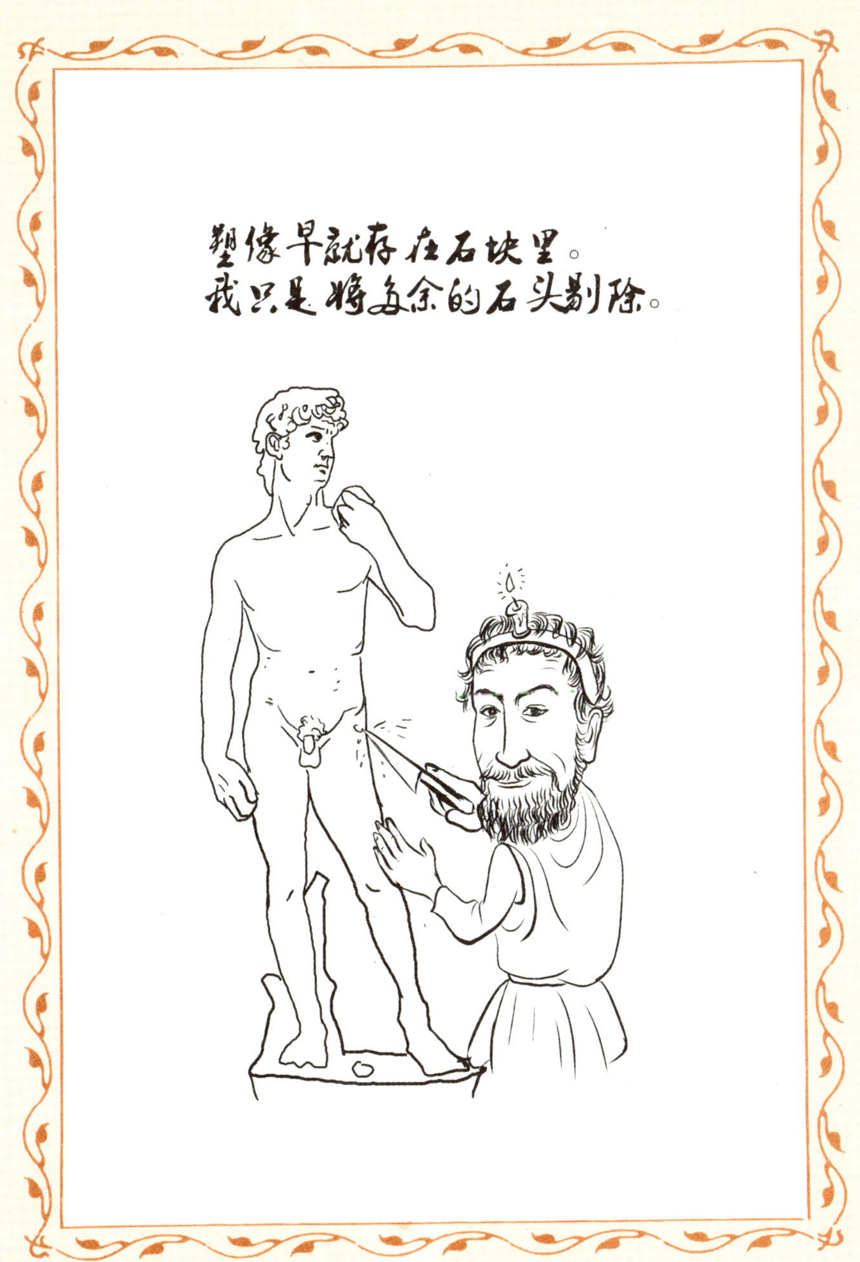
塑像早就存在石块里。
我只是将多余的石头剔除。

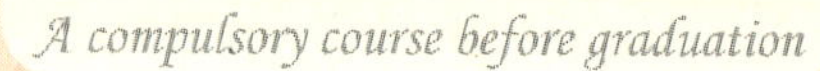

第2句

容易的路越走越艰难，
艰难的路越走越容易。

一位学生在毕业前夕，递上了毕业纪念册请我留言。这位学生很聪明、成绩也不差，但是有时候会比较借着小聪明做事，也有点畏苦怕难的个性。为了希望能提醒他的性格缺点，所以我写下了这句毕业留言：容易的路越走越艰难，艰难的路越走越容易。

人生的两杯酒

有人比喻说，人生就是眼前有两杯酒，一杯甜酒，一杯苦酒，我们会做的选择是先喝甜酒、再喝苦酒？还是愿意先苦后甜呢？不同的人有不同的选择，但是探讨从哪里先着手，其实是一种深刻的人生哲学。

我们如果选择从困难的路途启程，只要走得下去，就表示我们克服了一定的挑战，接着，我们会带着更强大的信念继续向前方前进，更能积极面对未来的一切。这时我们的信念会鼓舞自己，“黑暗将尽，黎明将临”，也会在未来遭逢困难挑战的时候，懂得忆苦思甜，好像望梅止渴般，泉涌出前行的动力。

战争就是如此。两军对垒，都会猜测对方的进攻路数。有时候一方会凭借着天险，例如高山峻岭，认为敌军绝对不会耗费如此大的心力跋山涉水，所以，会将戍防的重要兵力放在平坦之地。但是出其不意地，敌军竟然真是从最艰苦的地形攻入，在防备极少的情况下，一举获得胜利。

历史上著名的迦太基大将汉尼拔对罗马的征战，就是如此。汉尼拔为避开罗马派来进攻西班牙的军队，采取了迂回艰险的行军路线，带领军队翻越阿尔卑斯山。尽管速度慢，且山中道路已有积雪，地形气候险峻，但汉尼拔的军队克服难关，硬是翻越了天险高山。军队中除了士兵以外，还有庞大的大象。可以想见，人要翻山越岭都不容易，何况是庞大的动物。尽管行军过程中就已经损失严重，但骁勇善战的迦太基人最后仍以少击多，打了胜仗。这其中，他们对有利地形的掌握亦功不可没。

人生也是如此，只想从容易的地方先着力，那后续的未知，势必将愈发困难，是否还能走到目的地，一定会成为人心中的极大问号。记得小时候有一种游戏，就是先把一张有复杂路径的地图卷起来，每个路口都有很多岔路，从起步处，让游戏者选择要顺着哪条路走。能够安抵卷纸最后花园的人，就是胜利者。这个地图随着展开，会有不同的障碍让游戏者出局，比如沼泽，比如悬崖。而这些让人出局的地方都会有些诱惑，让人误以为走的是坦途，比如花朵、鸟群等。这个游戏就充分彰显了选择路线与避开诱惑的困难性。玩这个游戏的心得是，经常就是在最意料不到的路线下，才能安抵彼岸。

鸿海集团的创办人郭台铭先生有句话说："我很辛苦，但我没有痛苦。"他的事业版图来自于多年辛苦的耕耘，每 次的商业领域切入，无不厮杀激烈，许多时候都是红海式的战争，创业这回事没有简单与容易的。但是，虽然工作辛苦，却可以乐在其中，不断从中寻找改进的策略，修正自己的经商之道。当浸淫在工作中的时候，会渐渐体会到其中的乐趣以及智慧，所以他说没有痛苦。

困难的道路，是一种试炼。就像存钱一样，储蓄的时候一块钱一块钱地从生活中紧扣出来，但是省吃俭用存钱的人会知道，今天的辛苦将会是明天的快乐。这每一分钱最后都会衍生利息，也会积少成多，终至零存整付，累积出不虞匮乏的人生。快乐与幸福，也像是人生的存款。今天当然可以先挪用未来的资粮，但用了一些就少了一些，这些人生存折里的资粮最后就会变得入不敷出。消费多储蓄少，越是支用未来的资粮，就越有置人生于危险的可能。人生资粮所带来的幸福快乐、满足感，本质上就是一种存款，当我们看到存折里数字不断累积，我们会有满足的感受，相反的，若是存款不足，幸福快乐也将慢慢地减少。所以，我们要先辛苦存积，日后的幸福存折才可能有令人满意的数字。

以人生哲学来说，多数的人习惯从简单的着手，把艰难的事情延后处理。所以，赚钱辛苦，那就先消费吧，花钱毕竟容易。但是由俭入奢易，由奢入俭难呀，花习惯了，常常就不知道如何过平常日子了。或者是，难的事情丢给别人吧，自己能闪能躲就再好不过了。当然在今天重视消费的时代，在养尊处优的经济条件下，人不免更重视眼前的一时之利、一时之便，所以，我们要有抗拒诱惑的能耐。

千万别急着吃棉花糖

美国斯坦福大学曾经举办一个日后经常被人引述的棉花糖实验。实验的内容是：邀集一群小孩进入房间，发给每人一支令人垂涎欲滴的棉花糖。命题是，小朋友可以选择马上吃掉，或者是，拿在手上先不吃。等过一段时间，工作人员回来之后，抵抗得住诱惑者，还会再获赠多一支的棉花糖。

这个实验追踪好几年后有了如下的结果：研究发现，当年能够忍住美食诱惑，不吃棉花糖的小朋友，或者至少是忍耐时间更长的小朋友，要比立刻就吃下棉花糖的小朋友，在各方面都有较佳的表现。包括人际接触、压力的处理等等。

后来有人将这个"棉花糖理论"写成了一本畅销书，这本书也反映了作者三十年来的思考：为什么有的人成功、有的人失败?

这本书的作者相信，成功者与失败者的差别，并不仅是工作能力的高低、或是聪明才智的大小，而在于拥有"延迟享乐"的能耐。有一个书中的结论就是"不急着吃棉花糖的人"可以获得较佳的成功，而其他一拿到棉花糖就吃掉的人，则是在不断地累积债务，及时消费的心态让他们无论在工作还是收入上，表现都相对欠佳。

《先别急着吃棉花糖》就是在传达这样的人生哲学。千万别急着吃棉花糖，与中文说的不要“寅吃卯粮”，是有些精神上的相通。将未来可以活口的食物，当下就吃掉，等于吞噬了更好的未来。那么，我们愿不愿意延迟享乐、愿不愿意好酒沉瓮底、愿不愿意先牺牲后享福?

这些问题，看起来似乎很容易，但是，美国西北大学最新研究显示，人们比自己想象的更难抗拒诱惑。很多人会以为这只不过是意志力的展现，“忍一下就过去了”，但这真的是知易行难，人们真的难以想象，抗拒诱惑是多么不容易。每个人都有许多欲求，有衣、食、住、行的需要，也有爱与利益的争夺需要。要放弃眼下的利益，遥想着长远的利益，对太多人来说是根本不可能的任务。及时行乐、及时消费，“人生得意须尽欢”，诗仙李白的诗句不知被多少享乐主义者作为堂皇的理由。所以，拿着棉花糖而无动于衷，真的就像面对诱惑而抗拒不从，洵非易事。

再回到心理学，如果能抗拒诱惑、放眼专注在长久的利益上，确实能对我们产生极大的正面影响。心理学的研究告诉我们：“当面对诱惑情境时，较能克制自我、耐心等候未来，以得到更大的奖励者，长大成人之后，也会是较受欢迎、较勇敢自信与肯负责的人。”这个道理不难理解，我常跟学生说，“我们很难事事求诸于人，但我们一定可以反求诸己”，要求自己比要求别人毕竟直接多了。若是可以控制自己的行为，就能不断修正自我的偏差，从而就可以有相对较好的行为举止，可以获得别人较佳的印象与评价。

人的为难，是如何在“眼前利益”与“长远利益”中做抉择。从“容易的路”出发，就是选择了眼前的利益，让自己先图轻松，以后的事情以后再说；相反的，长远利益则是从“困难的路”出发，或许起步艰辛，但希望的是先克服难关，日后就能步上康庄坦途。两种截然不同的心态，会造成两种泾渭分明的结果。

而我们怎么测知自己或别人是属于哪种心态呢？其实很简单，只要看这个人是否喜欢“躲”就可以窥知他是先苦后甘型，还是先甘后苦型？同事或朋友，如果遇到事情既不肯负责，又喜欢躲避，那么毫无疑问地，这是一个先甘后苦型的人。他们既期待未来的前景，但更重视眼前的利益。当从这么一个“躲”的观测点来理解一个人的性格时，我们该如何正视这些缺点，从而改进人生呢？

爬山的比喻，或许可以作为参考。

人生这条路，到底是条什么样的路？是笔直的线条，一路可以无阻无挠，顺畅到底吗？这样的人生恐怕绝无仅有，没有人是不曾遇到困难的。那这条路应该还是像波浪状，有高有低，起起伏伏，但一旦真到了谷底就会有着上升的机会。所以，人生这条路应该要像爬山。爬山会有两种过程，就是上坡与下坡。上坡是辛苦的、是费力的，可是当我们一步一脚印，千辛万苦、气喘吁吁登上山顶的时候，那种喜悦是难以形容的。而我们同时也知道，接下来的下坡路，将是轻快、不费劲儿的，印证了艰难的路会变得越来越容易。

我的一位学生毕业后自己创业，从事的是泡沫红茶的开店工作。他跟我说，喜欢服务人群的感觉，而自己又对餐饮极感兴趣，所以就选择了泡沫红茶店的经营工作。尽管这行的入门门槛或许并不特别高，但他知道，正因为如此，他提醒自己，才必须要更积极地做出差异化，然后才能赢得顾客的青睐。于是，他不断研发新的口味，并且保持一定的汰旧换新率，从数字报表看各款饮品的销售量，后百分之二十的饮品种类，就会被淘汰掉，借此来维持顾客的满意度与新鲜感。

他几乎是全神贯注地投入工作中，创业五年下来，没有休息过一天。他知道这是自己的经济命脉与未来保障，他必须要经营成功。否则，当其他人都去上班累积资历的时候，他选择走自己的路，万一经营不善重新回公司上班，那他的资历将更不如人了。抱着这样必胜的信念，他工作时间极长，几乎将工作当作生活习惯。任何场合他都不忘与红茶的生意扯上边，比如只要有机会遇到任何人，他一定递上名片，请对方有空光临红茶店；他的电子邮件署名也打上红茶店的名字，个人生活几乎与自己的事业融为一体。晚上到家后，还会设计网页，将他的红茶店网站更新，希望能在网络上累积消费会员。虽然他经常黑着眼圈，但看起来精神很好。我曾经要他多休息，他却跟我说了一句很有意思的话，他说，“老师，现在天天工作天，以后就天天星期天。”

这是说，现在工作得辛苦些，别人的周休二日，他依然是上班日，但是先期的累积是很重要的，当基础打好后，以后才会有舒服的日子过，甚至可能可以提早退休。这句听起来俏皮的话，是很有道理的，也与本篇的主题可以呼应。我的学生选择了一条初始辛苦的道路，万事起头难，但是只要能够顺利度过，后面的日子可以预期将有幸福的光景。

这就是延迟享乐。不经一番寒彻骨，哪得梅花扑鼻香。先苦后乐，把该做、难做的事情，立刻当下就去执行。不推托，负起责任有担当，这样的人是多么令人感到可靠。设想一个情境，如果眼前有两个人，一个人畏苦怕难、争功诿过、处事拖延；另外一位则是剑及履及、处事明快、勇于负责。这时要我们预测这两位人士日后谁会有比较好的发展与人生晚景时，我想每一个人应该都会将票投给二号。如果我们都会看好后者，那我们的做事态度为什么不能向二号看齐呢？

寓言故事“还有明天”

有一则寓言这么说，阎王爷发现最近越来越多的人都上了天堂，下地狱的人却越来越少。于是他找来几个小鬼讨论，如何让地狱的生意变好些。

其中一位小鬼说，“鼓励人们作恶”。只要人们做坏事，烧杀抢掠、无恶不为，那么最后一定恶有恶报，如此一来，还怕死后不向地狱报到吗？阎王爷与其他小鬼听完都觉得不够好，这是老套路了，效果不会太明显。

另有一位小鬼说，“鼓励人类喝酒”。只要人类喝酒那么就会乱了性，乱了性就会做坏事、做错事，那么何愁他们最后不来见阎王呢？大家听完后想了一想也觉得不好，就算人们喝多了酒，但也未必乱性，不可能因此就让地狱生意兴隆。

正当大家你一言我一语的建议都被否决时，忽然有一位小鬼说：“很简单，只要告诉人们一句话就好。”大家都好奇地竖起了耳朵。阎王爷说：“快点讲，是哪一句话？我真的等不及了。”小鬼说，“告诉人类‘还有明天’。只要告诉他们还有明天，他们就会懒惰，懒惰就会延迟办事，而一事误一事，这么一来各种严重后果就会接踵而至。这么一来，还需要担心负担后果的人不下地狱吗？”

大家听完立刻纷纷叫好，阎王爷下令立即办理。

这是我小时候听老师说的故事，现在重新回忆，好像内容夸张了些，怎么怀抱着“还有明天”的想法，就像是罪大恶极，还有一种必须等着报应的感觉呢？但是故事的精神的确对人很有启发。确实是的，当我们永远期待明天，我们就不会今日事今日毕，我们就可能一拖再拖。有拖延心态的人，就不会凡事挑难的立刻动手。抱着这种心理，最容易从简单的开始，甚至于是“晚开始”，或是“不开始”，得过且过、能拖就拖。事情最后累积到不得不正视的时候，往往就不可收拾了。

我在一本书上看到《富爸爸·穷爸爸》系列书籍的作者罗伯特·清崎说过：“人生最有害的词汇是‘明天’。用这词汇最多的是穷人、不成功的人、不健康的人。他们常说‘明天开始减肥和运动’‘明天开始读书’等。我从未看过明天。在我身上只有今天，今天是胜利者的词汇，明天是失败者的词汇。”

确实是如此，我们一般人会将时间区分成今天与明天。至于昨天已经是过去式了，也就不再多想了。所以，就以现在与未来作为思考事情的时间轴。这个时间轴因为分布得极不平均，今天毕竟太短，未来则会有好多个明天，于是我们容易倾向于将事情丢向更大的未来象限中。这从正面看，是让自己可以分配待办事项的先后次序。但从负面看，一般人做事情容易拖拉，使得大家对今天极不重视。今天是稍纵即逝的，但明天，可就多到数不完了。所以，人们习惯于一切都从未来思考。但这么想的副作用就是，今天的执行力变得怠惰了。

没有对眼前的重视，就没有对立即事项的积极作为，可以说一开始就走向了困难的路。困难这两个字，经常不是面临的事情真的有多么难，而是我们轻忽它，放着不管，最后终使得处理的“第一黄金时间”过去，贻误战机。

有一个关于时间重要性的历史案例是，拿破仑最后惨遭滑铁卢，终结了他的连胜神迹。其实，历史学家的考证是，在滑铁卢之役，能征善讨的拿破仑仍然是每件事情都做对了，拿破仑依然是军事天才，他仍然完美地执行了他的计划。但人算不如天算，交战当天竟然下起雨来，拿破仑必须等到地面干了之后，才能发动战争。他需要把军队的大炮往前推进，理论上这是正确的行军方式，但在战场上分秒必争，很多的道理在特定情况下都必须打破。对拿破仑来说，等地面干再行动，这么一来，就给了对手喘息的时间——普鲁士大军及时抵达来支援英军。最后的结果就是历史的记载：拿破仑输了这场仗。如果历史可以重来，拿破仑一定会把握黄金时间，即便是下雨路滑，他都要将大炮推进，就像汉尼拔一样，再多的困扰，也要让军队与大象翻越高山峻岭。

很多的困难，真的是时间延误造成的。掌握不住黄金的处理时刻，那么再容易的路一定也会越变越困难。

人生的两条路

知名的美国诗人罗伯特・弗罗斯特有一首脍炙人口的诗《少有人走的路》，里面说："林子里有分叉的两条路，我选择了较少人烟的那一条，而使得眼前的景色多么的不同。"

"起步困难的路"就是选择走一条人烟稀少的路。选择这个选项的人少，所以步上这条道路的人会有孤独感，甚至被人嘲弄想不开、自找麻烦。但正因为如此，走这条路会拥有不一样的人生体验、历练，会有迥异他人的人生过程。

人生的过程就有这两种不同的类型，一个是先困难后容易（先苦后甘），另一种是先容易后困难（先甘后苦）。人生很难一帆风顺，人生是苦乐参半，如果我们同意这个观点，那么我们就必须面对"先享乐"还是"先挨苦"的选择。然而，无数的经验告诉我们，"先苦后甘"是我们成功之时最充实的写照，正因为历经过痛苦，才能苦尽甘来，深刻感受成就的最大甘甜。

想透了这个道理，在人生分岔路上做出了正确的抉择，一定可以获得的人生的非凡收益。

今天是胜利者的词汇，
明天是失败者的词汇。
富爸爸
穷爸爸

第3句

要重视生活中的平衡，工作只是其中的一个部分。

我们每个人都像小丑，玩着五个球，五个球分别是你的工作、健康、家庭、朋友、灵魂。这五个球只有一个是用橡胶做的，掉下去会弹起来，那就是工作。另外四个球都是用玻璃做的，掉了，就碎了。

所以，要重视生活中的平衡，工作只是其中的一个部分。

这段话是我当初正好从一本书上看到前可口可乐总裁布莱恩·戴森所说，因此我引用在学生的毕业纪念册留言上，勉励他注重生活的平衡。

人的一生有很多不同价值的追求，包括"情感的价值""工作的价值""人际关系的价值"，以及"人生的价值"等等。人生价值是源于人生观而来，它涉及到人生目的、态度、价值和理想的根本观点。当谈到生命的意义、以及人生的价值的时候，经常是很错综复杂的多元思考，内涵可能包括了自我实现、幸福观念、人我互动、甚至是价值的取舍。

九十五岁高龄去世、素来为世界景仰的管理学之父彼得·德鲁克有一个青年时候的故事。1933 年，当时德鲁克进入英国一家由三个股票经纪人合伙创办的投资银行担任资产管理师，聪明勤快的德鲁克表现良好。这家公司也给了他相当优渥的待遇，但是德鲁克并不是非常喜欢这份工作。

后来他考虑后决定要离开这家投资银行，听到德鲁克要离开，老板立即劝说他留下，而且还开出日后将拔擢他当合伙人的优厚条件，只是这些都无法打动德鲁克，他的辞意仍坚。老板见到他去意甚坚，于是又提了一项条件，内容是安排德鲁克及其夫人搭乘豪华邮轮到纽约，同时聘请他担任公司驻纽约代表，年薪高达二万五千美元，甚至可以“什么事都不必做”，意思就是希望挽留他，就算当顾问、当公司门面都值得，显见德鲁克受器重的程度。

1933年时值美国经济大萧条，二万五千美元的年薪是很多企业高层与政府官员都望尘莫及的待遇，但德鲁克仍然拒绝了这个高薪“肥缺”。尽管从背景、从工作表现、从可以获得的待遇，似乎他都没有不接受的理由，但是德鲁克的说法是，“成为墓园里最有钱的人”，对自己来说并无意义。需要补充说明的是，当时的德鲁克并不是口袋满满，而且也不是有份更好的工作等着他，尽管当时经济局势也不好，但他仍旧没有眷恋，毅然辞职。事后证明，这是正确的决定。因此德鲁克对这件事情的结论是，“‘价值观’应该是、也永远是最终极的检验标准。”

我在美国读了不少德鲁克的书籍，但是，这是他过世的时候，我看到网络上披露的一则故事。这个故事清楚地说明了，“价值观”才是取舍的标准、而不是“价格观”。

但什么是价值观呢?

员外丢元宝的故事

先来谈一个故事。有一对富有的夫妻，先生是位勤劳的员外，每天都工作到很晚。员外夫人则是爱夫心切，总是要等老公忙完，才愿意一起就寝。每天大宅隔壁墙外，总不时传来一对卖面的夫妻，两人同心协力的吆喝叫卖声，而且也总是工作到很晚。

有一天，员外夫人就对员外感慨地说:“老爷你看，外头这对小贩夫妻虽然穷，可是两人同心协力、形影不离，过得多幸福。”老爷一听，回答说:“是吗? 我立刻就能让他们不幸福了。”夫人一听忙说:“你要做什么呀? 别吓着人家。”“不会的。”员外笑着回答，然后就走到墙边，从袖口掏出了一个大元宝丢过墙去。

这对小贩夫妻听到东西落地的声响，吓了一跳，定神朝声音方向一看，发现了一枚大元宝。夫妻俩人高兴得不得了，认为是老天的恩赐。两人就兴高采烈地收摊回家去了。从此，员外宅邸的墙边就不再出现夫唱妇随的叫卖声了。

故事的涵义很简单，有了钱，是否还拥有幸福呢？这个问题，困扰了很多人的思考。

人生的价值与目的是什么？这一生所为何来？又如何克服心念执著、如何放下欲望偏执、寻觅应有的生活态度，都是人生的大学问，也是萦绕在众人内心的永远的问题。就像这对富裕却聚少离多的员外夫妻、以及胼手胝足却同甘共苦的小贩夫妇，各有各的执著与努力，也各有各的人生得与失。没有孰是孰非，只有不同程度的取舍与拿捏。

在这个多元性、多样性、繁复而不能预期的世界，我们面对的环境比过去的农业社会、甚至工业社会都要来得变幻莫测许多。过去的农业社会，或许一样辛苦，但是农事毕竟消耗大量人力，劳动力不会过剩，养个人就是添副碗筷，回家种田而已。但是，现在的生存环境，只要稍一不留神，可能连工作都有不保之虞。而在大环境的竞争氛围中，充斥着强调自我完成、积极创造自我价值的声音，于是迫使我们不得不以更多的精神与专注力，面对和经营自我的人生。

出身平凡的人，总希望透过按部就班、勤恳工作的方式，从学习到就业，最后可以顺利退休，有个安逸的晚年。不论发达与否，金钱与人生的关系至为密切，于是为了安全的人生，现代人投入了远较过去为多的心力付出。只是在经济不景气、竞争益发激烈的今天，“五斗米”似乎越来越贵，很多人不仅为它折腰，甚至被压得喘不过气来。于是，工作中的奋进成了很多人终其一生的劳碌写照。甚至，很多人都希望能有笔横财，早早退休，一解人生的沉重压力。工作的重要性压倒了所有其他的人生方面，包括家庭、亲情、甚至爱情，以及心灵的追求。于是，有一个词出现了，叫做“成功躁郁症”，形容某一类人的状态，不顾其他，只汲汲营营地、迫不及待地追求成功。

如果任何事情只偏重一方，一定会有失衡的遗憾。就像汉朝独尊儒术，忽略了其他学术的后果，就是缺少了百花齐放的多元可观现象。若只注重工作与金钱财富，就一定会影响自己对其他生活方面的注意力，说不影响是不可能的。尤其，在这个以事业成功来衡量人生成绩的时代，主观意愿与客观事实都让我们躲不掉追求成功的欲望。于是，我们内心焦虑、渴望成功，因期望成功而导致的躁郁症与忧郁症开始上身。

我们经常看到一些类似的报导，就是很多上班族转成创业家，然后一路发展，公司成为蒸蒸日上的企业，但就在他们自认是在为家庭谋求更好物质条件的同时，却发现家庭的和乐关系已经走味变调，因此出现了夫妻关系与事业发展的反比状况。这种“企业成功，婚姻失败”的情况不乏其例，著名的前奇异公司 CEO 杰克·威尔许在退休后的离婚，也属一例。何者影响何者，或许很难论定，但是，顾此失彼，却是不争的事实。

又比如说，对很多忙于事业打拼的男性朋友来说，尽管家庭和乐，幸运地拥有一位无怨无悔的贤内助，但是，事业的经营也未必就是一帆风顺。若夫妻又再失和，生活中充斥着争执以及埋怨，受冲击的不仅是夫妻两人，连成长中的孩子也会受到严重影响。孩子的性格可能会因此扭曲，成长中接受太多的负面信息，可能会给小孩埋下未来人生的地雷。赢了事业、输了家庭；赢了公领域，却输在私领域，人生有何快乐美满可言呢?

许多人喜欢将人生比做是一个圆，任何的缺口，这个圆都将无法圆满，而人生偏偏是牵一发而动全身，环环相扣彼此牵连，若一方有缺陷，最后可能落得家庭事业两头成空。对关心事业的男性来说，更应慎重思考平衡的话题。家庭毕竟最重要，孩子的成长过程中，父亲也扮演着决定性的角色，就像心理学家格尔迪所说："父亲的出现是一种独特的存在，对培养孩子有一种特别的力量。"

值得关注的是，现代人与工作的关系亲密，但与家庭的关系却很疏离。父母不了解孩子的想法，孩子不理解父母的作为；有些父母甚至认为只要提供金钱就是尽了抚养的职责，有些孩子以为做了某些父母期许的事情，就尽了为人子的责任。亲子的心中距离却越来越远。来自印度、一生奉献的特蕾莎修女针对这样的亲子隔阂直接这么说过："回家去！去爱你的家庭。"

这句发聋振聩的话不仅是对为人子女者、也是对所有埋首工作忽略家庭的人一句最恳切的吁求。特蕾莎修女也说过："我对我的同工们很严格，我坚持说：'家庭第一。'"

这是平衡人生的关键，也是对现代人的人生能否圆满的核心思考。

满足？成功？快乐

现代人最大的盲点之一，应该就是只把成功聚焦在事业上面。殊不知，成功的取向太多了，包括家庭成功、心灵成功、身体健康，其他像友情、爱情等等方面，也都需要成功。

事业与工作常常只是一时的。尽管这段几十年的职场岁月并不短暂，但是下班回家、或是退休以后，与家庭的相处、或是个人的独处，时间都要远超过工作的投入时间。如果要追求永续的成就，而不是一时的成就，那么就不该只是追随他人的步调、目标、或是看法，而是要把生活建立在个人的选择上。

对人生的各个方面怎么取舍拿捏，就是建立自己人生全貌的关键。要知道每个人的人生拼图都是不同的，但是一定要是各个拼块一起出现，才会圆满。至于孰轻孰重则要自我拿捏，但重点是缺一不可。

职业与家庭就像跷跷板，人的生命中最可贵的就是平衡。追求快乐，必须同时在金钱与精神生活上两相权衡。这个精神生活，不只是指家庭，也指灵魂、朋友、健康，也就是私领域的部分。人生修练的智慧，正是需从点点滴滴的生活中，找出公领域与私领域之间的对应协调关系。

当然，最后我们还是要问，快乐究竟在哪里？

有两个方面，是价值观的判断依准，一个是成功与快乐；另一个则是需要与想要。

〈一〉成功与快乐：得与爱

快乐与成功并不是绝对相反的概念，成功与快乐是一个良性循环：成功里可以得到信心和快乐，透过自我实现的成功，确实会有心灵上的满足快乐产生；而从快乐里也可以获取追求成功的力量，所以最好的状况是成功和快乐可以同步前进。但没有快乐的成功，绝对不是真正的成功。所以如果两件事情一定要有轻重之别，那么快乐要比成功更重要。

当我们奋斗了一辈子，就算赢得了全世界，但如果欠缺身边人的陪伴与分享，或是没有感到任何的喜悦，成功也是一种枉然，因为它没有带来心里终极的满足。

那么，何为快乐？何为成功？我用一种标准与学生界定所谓的成功与快乐，那就是："成功，是得你所爱；快乐，是爱你所得。"当心中有了目标、有了愿望，一旦达到的时候，就可以称为成功；而快乐则是，不管你得到什么，或多或少，你都能够满心欢喜地接受这样的成果，那就是一种快乐。

换言之，珍惜目前现有的状况，就会是快乐的泉源。

〈二〉需要与想要：日本与不丹

再者，一定要分辨什么是"需要"与"想要"，这两者是不同的。

"需要"是必须要获得，以满足存活的条件，但是"想要"则是没有终止的无底洞。人的欲望无穷，但人的能力有限，以有限追无穷，只会落得力有未逮、甚至可能心生歹念。面对欲望人必须能够自我克制。克制当然很难很痛苦，但是能够安于能力提供的现状，最终会让人心安理得。无欲则刚，欲望少了，便会理直气壮，不会为了欲望扭曲自己的性格。

很多人误解了欲望与企图心的界线。当然，有欲望，才有无穷的动力，透过欲望的驱动，会引领我们迈向更高的层次与境界。当然，在这一方面，确实可以透过“正确欲望”的树立作为前进动力，但是我们要避免的是“不当、且不切实际、甚至是满足私欲的欲望”。这些非正向的欲望，非但不是鼓舞人发奋向上的动力，反而是引诱人向下沉沦的拉力。

人的欲望越多，“必需品”就越多，但这些东西真的必需吗？有一回读到一本书，里面谈到了日本人家庭生活中要用到的生活必需品超过八千种；但是，世界上有一个国家，他们的国民是需要生活必需品最少的，只需要不到二十种。这个国家就是不丹。不丹人的快乐指数，在很多次的国际调查中，都是名列前茅。

不丹是喜马拉雅山上的小国，但是她创造了一种“国家快乐总值”（Gross National Happiness），内容包括：文化承传、环保力度、自给程度、人性发展，这些内容都被列为政府施政标准。一般国家追求的是 GDP（Gross Domestic Product 国内生产总值），而不丹却强调 GNP。虽然这个小国经济排名世界倒数，但过去二十年，国民寿命平均延长了近二十年，而快乐当然是长寿的很关键因素。当先进国家竞相发展高速铁路的时候，不丹境内没有火车，甚至也没有国内飞机。但是文明先进的国家人民，并没有因为科技而更快乐。很显然，快乐不是来自物质，而是来自心灵。

这个案例与数字我在课堂上也与学生分享过。我让他们好好思索，什么是非要不可？又有什么是可有可无？

因此，当有了需要与必要的观念，以及日本与不丹的比较以后，具体而微地说，我们的生活可以力行“减法的哲学”，而不是“加法的哲学”。后者指的是，因为想要拥有，所以不断地购买自认为必要的必需品，不断累加生活的物质。加法的心态可能让我们充斥着争、抢、贪的意识，凡事以自己为中心，把自己作为事情的出发点，容易自私。而现在我们可以换种思考，什么是不要的，什么是可以略去的，少掉这些，我们就无法过活吗？多问自己几次后，或许就会发现不想要的累赘越来越多，即使丢弃也不影响生活。有句话说：“身无长物一身轻”，这就是减法哲学的妙用。而且越懂得舍弃，人就越不会重视自己与物质的关联。当人与物质的联系变少，私心也会降低，比较不会以自己为中心，而能多着眼于他人与大我。

所以回过头来说，价值，是自己给自己下的定义，终极价值不是只来自单方面的判断，方方面面都要兼顾才是和谐的关键。心理学家认为，任何的快乐、福祉、平顺都是人生的终极价值。由于我们无法掌控生命的长度，因此更要懂得选择人生的价值，从人生的种种可能性当中，拼凑出属于自己的样貌。所以，生活的真正智者，一定要多寻求生命的真正意义、价值，好使生命更见丰盈。

老祖宗的智慧

现代人需要烦恼伤神的事很多。不过，时代虽然前进了，但有些古老的智慧却亘古不变。老祖宗所说的，欲求不满就容易痛苦。所以离苦得乐之道，就是减少欲求。古有明训：要懂得舍下、懂得拿捏，不需要每件事情都掌控在手，事事做主。

有选择固然是一种自由、一种幸福，但是经常被人忽略的是，当别无选择、或是放弃选择，有时候也是种美丽。因为，在不比较、不计较的情况下，人才比较容易作到真正的自然、自由与自在。只有这样，人们也才能在面对当今选项复杂的扰人心绪的环境中，找到清心快乐的根源，也找到自己的平衡人生。

让生活保持平衡不是一件容易的事。事实上，我们生活在一个到处是混乱和不平衡的世界里，甚至可能多数的人并不太明确自己生活中有哪些是一定要掌握的拼块，所以他不理解拼图最后的可能样貌。而本章提到的这位前可口可乐总裁，则告诉了我们人生的五个方面，正可以当作大家所寻求的答案。他的这段话提醒我们：工作不该是实现自我价值的唯一来源。

人生的价值是多元性的。工作到底是目的还是手段？是过程还是终点站？每个人都应该启动智慧，给自己一个答案。大家应该从多元价值与观点中进行全面思考，以避免可能的轻忽。在生活中，人人都渴望成功，但在追求成功的同时，人们必须学会平衡人生的技巧。如果人生失去了平衡，那么即使事业有成，这种成功也可能只是短暂的，与不踏实的。

保持工作与生活平衡的诀窍，关键在于心态。心态是执两用中，心态是不忘公平分配投入的比重，心态是深谙幸福，是能在生活中寻找到平衡的支点，保持心理平衡和良好心境。生活的幸福哲学是知道何者可以重来？何者稍纵即逝？什么的本质是玻璃？什么的本质是橡胶？当厘清这些问题，人生的优先序列就会自动出炉，轻重缓急就一目了然了。

这位前总裁提到的其中一项是我们的灵魂。我们有没有像名著《浮士德》里的主人公一般，为了人间种种获得，而将灵魂出卖给魔鬼呢？是否利欲熏心、出卖人格或是违背本性呢？这是我要求学生不断自省的问题。是否失去了自我？是否利令智昏？当走过一段人生历练时候，回顾来时路能否坦然自在？人生的课题就是选择题，自我勾选的项目，决定了人生的成绩。

成功，是得你所爱；
快乐，是爱你所得。
十种智慧

第4句

要有大师的辽阔眼界，以及工匠的细腻精神。

以前读书的时候，课堂上老师要我们做到“四到”：分别是眼到、耳到、手到、心到。

这些都是有利学习的方法与培养学习能力的良好态度。其实对任何事情都应该抱持同样的观念。但若要再浓缩这“四到”的话，眼与手的极致发挥，应该可以统摄这“四到”的精神。

有种说法是“眼者心之机”，眼睛仿若是心的开关，所以很多书籍都会提到心眼的关系。

心与眼其实可以是同一种专注。以前有这样一则新闻报导，日本一位钢琴家十井伸行，在美国举行的一场比赛中顺利晋级决赛。而令人难以置信的是，这名钢琴家天生眼盲，但凭借着刻苦练习，终于有了如此优秀的成绩。这位日本钢琴演奏家即是“以心代眼”，再加上熟练的手法和技巧，精彩诠释了高超的琴艺，他的演出也获得了全场观众的起立鼓掌。

大师的眼界

关于“眼到”的定义，必须作扩大的认知。除了在当下情境，必须眼睛要专注，注意到每一个细节，做好全面的观察以外，另外更重要的是，要能够进一步“抬望眼”，极目四望，拥有眼观四路、放宽视野的开阔眼界。

简单地说，眼力不是只“蹙眉低眼”，专心眼下的工作，而是要具备更辽阔的眼界，好认知世界的当前局势，预测可能的变化，甚而做不一样高度的事情。我们很容易发现，不同层次的人，提出的见解，看事情的角度，做事的方法都有不同。高层次有见识的人比较倾向以更大格局、更上层楼的制高点去看待与解决问题。所以他们的出手是不同的。

关于眼界，有一个常被引用的故事。有三个建筑工人在砌一面墙，有一个路人走过来询问。他问第一个工人说：“你们在干什么？”第一个工人头也没抬回答说：“做什么？我在砌墙啊！”那个人又走向第二个工人同样问：“你们在干什么？”第二个工人勉强抬起了头，爱理不理地回答说：“我们在建一栋大楼。”那个人同样再问第三个工人说：“你们在干什么？”第三个工人放下手中的工具，望着远处回答说：“我正在建一座新型态都市。虽然这是刚刚动工，但日后会有各种设施，以及便民的设备，会有机场，有各型活动中心，到时候这里可就完全不同了。”说的时候脸上还带着一份满足的参与感。

同样的一份工作，三个人“看到”的是截然不同的事物。这三位工人的眼界当然明显有别。眼界决定你看到的世界，这个例子清楚验证了这句话。

从更高的视野看事情是很重要的。

有一次我在一本书上读到关于世界知名的维京集团老板理查德·布兰森的一个故事。

理查德·布兰森想要在维京航空公司的经济舱上提供椅背上的影片娱乐，好增加卖点，提高客户服务，当然也可因此强化维京航空作为业界创新者的角色。然而因为当时的经济不景气，布兰森在他的自传——《维京旋风》中提到，他找不到银行来融资一千万美金好整修维京的飞机。

一千万美金不是小数字，很多主事者这时候多会干脆放弃，并将事不可为的因素归咎大环境欠佳。但是，被誉为怪杰的布兰森却想方设法解决了这个问题。后来他想到另外一个解套的方法。布兰森打电话给当时波音公司的菲尔·康迪特问道：“如果我向你买十架新飞机，你愿意在椅背上加装影片娱乐系统吗？”当时可能因为经济景况不好，所以根本就没人订购飞机。因此，听到该提议的波音公司，当然非常乐意接受这样的条件。大买主出现自然非常欢迎。但布兰森又接着打电话给空中巴士（Airbus）洽谈条件。接下来，两家航空公司自然得竞相提供更好的条件来博取大买家的青睐。

聪明的布兰森因此而为飞机椅背上的影片娱乐设施解了套。分析起来，以当时的经济条件，布兰森本来没有办法为影片娱乐系统举债融资到一千万美金，但对他来说，好吧，既然银行不借我钱，那我索性就以更大的买卖来包装这个项目。这样一来，一千万美金霎时间就变成一小部分的钱而已，相对购买飞机的金额来说，娱乐设施显得微不足道。后来布兰森用新飞机贷到的金额是四十亿美金，且重点是得到了免费的影片娱乐系统。布兰森宣称，他购买这批飞机价格之低，空前绝后。聪明的他以更高的视野与作法，不只解决了融资障碍，还提升了维京航空的竞争力。

这个案例不是鼓励大家借钱，而是，它启发我们，当事情发生的时候，成败的关键往往是能否以更宏远的角度面对。当时眼睛里如果只有影片娱乐，那布兰森就受困了，但他以更大的格局，将原来的问题涵纳其中时，原来的问题就缩小甚至不见了。我也常勉励学生，遇到一个挫折，解决不幸的最好办法，就是尽量找一个更大的幸福包住它。当你退一步思考的时候，或许就真的海阔天空了。

李嘉诚与左宗棠——制高点思考法

日本趋势专家大前曾经建议一种思考法，他说：“如果你的职级比现在高两级，你会怎么做？”大前说的是什么意思？他是指，我们碰到问题的时候，可能会以现有的职务、所处环境、拥有的条件与资源，来做出因应的判断。有些事情在我们眼中，可能是难解或是无解，但是，若是由长辈来处理，或是长官来处理，可能就迎刃而解了。原因可能是，长辈或是长官拥有更多的经验、更多的资源，或是更不一样的想法。

我将此视为“制高点思考法”，如果你处在更高的位置，或是假想自己是出题老师，是否会让自己的思维完全不一样。我们常说，退一步海阔天空，这句话是有空间意义的。向后退几步，登高走几级，视野会更见开阔，这就是登泰山以小天下这句成语的意义。

有一回看到杂志上写着，华人首富李嘉诚先生的办公室里面挂着名家所书写的一幅字，这是晚清名臣左宗棠所题，内容是："发上等愿，结中等缘，享下等福；择高处立，寻平处住，向宽处行。"

下联的"择高处立"与"向宽处行"，就是说人要培养拥有辽阔视野的心胸格局。人生的高度来自态度，也来自眼界。李先生办公室悬挂左宗棠的题句，必定是将其奉为自己服膺的处世哲学。

胸无大志、目光如豆者，难以成就一番大事业。人生的败笔经常是来自于气量狭小、目光如豆。我们常以鼠肚鸡肠来形容器识狭隘者。万物之灵自然要有更高的格局与视野，才能有不一样的人生局面。小鼻子小眼睛者，只会让自己落入败局的泥淖。因此，要提升自我的眼界，有必要做好人生规划，由计划的拟定来审视自我的气度与愿景是否宏伟。蓝图就是目标的树立，当胸怀大志，当眼界高人一等，必会看到十分不同的人生风景。

李嘉诚先生一定觉得只有站在高处的人才能拥有辽阔的眼界。就如同登山者，只有在攀上峰顶的时候，才能放眼天下，综观全局。人的眼界更高远，视野更辽阔，心胸必会更开朗，自己的勇气、希望、智慧和力量也必能源此而生。

细节决定成败

我们都知道，好说空话的人，往往沉溺在不实的幻想中。尽管人生要有远大的视野，不凡的眼光，像是大师级的层次，努力地提升自我，但也切忌眼高手低，夸夸其谈后便没有了执行的动作。再美丽的想法、愿望，若没有起步执行，永远是空中楼阁，不具实质意义的。人生有梦固然重要，踏实筑梦才是务实的心态。有了高远的见识，非凡的目光，但也要动手实作，手到，才有意义。有一句话:"坐而言不如起而行"，如果光说不练，永远成就不了大事。

在人的一生中，不仅要敢做梦，也要会做梦，其中，需要以具体的行动、作为、与方法，踏实筑梦，成就梦想。于是，我们要强调的就是执行力。所谓执行力就是往而不返、严格细腻做好每一个工作细节的、完成工作的能力。用抽象一点的话来说，执行力是在目标的指引下，戮力而为。自己不只需要充实专业知识与技能，培养有利于工作的专业能力外，关键的重点是做事的态度。

每一次的就业调查报告，雇主们的人才聘用条件，排名第一的永远是工作态度。

“良好的工作态度”是社会新人与企业雇主对于工作有最好交集的地方。大学生资质佳，加强专业培训与职场伦理观念后，基本上就能有良好工作潜质，企业也会给予任用的机会。但未来能否发挥得宜、在职场上有良好的成就，关键还是在于寻找到良好的做事态度与方法，一言以蔽之，就是要细腻、谨小慎微，不放过每一个细节。

有一句话说，“魔鬼，藏在细节里。”这句话其实是很有深意的，不仅是管理学的一种精神，更是每个人都应该奉行的工作态度。魔鬼藏在细节里，应该这么理解：如果自己够认真，注重每一个环节，事情能被彻头彻尾地控制，就容易把事情做好；但如果不注重细节，细节所衍生的问题，或许会像潘多拉的盒子，一打开之后，什么坏事都从盒里飞出来了，包括魔鬼在内，给自己招惹到极大的困扰与麻烦。

所以每一个微小的细节也不放过，这样的细腻既代表了对工作的认真执行，也是敬业的最高表现。中文有句成语说，“只见秋毫，不见舆薪”，说的是只重细节、却忽略大局的意思。但是，真正成功的人应该是秋毫、舆薪都要见到才是。在任何的竞争中，大的地方，大家都看得到，唯一竞争胜出的，就是在小地方，所以要赢就是赢在细节处。

星巴克咖啡店是当代经营得十分成功的咖啡连锁店，它将休闲的感受发挥得宜，吸引了现代人的驻足消费。星巴克的成功可以分析出很多原因，但有一点应该放大来思考，因为由此可看出，成功真的是来自于细节。

走进星巴克会闻到一股迎面扑鼻而来的香气，对于想要打造“伸手可及的小奢侈”的星巴克来说，店里面散发的芳香，可以说是为了实现这个整体目标的一个小小的细节。味道，对一家贩卖咖啡的业者是多么的重要，星巴克为了店内的好味道，采取的做法是，将咖啡豆从袋里拿出来，逐一陈列在架上，以让它们散逸出浓浓的咖啡香，同时在店里也全面禁烟，不让外面的坏味道影响消费者的情绪。更有甚者，星巴克甚至禁止员工使用香水，以及有浓郁气味的洗发水和护发产品。这一切无非是为了令店里的顾客感受到愉悦的气息，因此每一个细节都要执行彻底，丝毫不能放过。

商场上经常缺的不是聪明人，而是愿意下笨功夫去执行细节的人。单纯而执著，或许就不需要口号治理公司，所以其实不需要冠冕堂皇的企业宗旨标语，真正需要的只是简单的诉求，但当简单的诉求贯彻到底，就会看出惊人的成效。把小事做大，把简单细腻化，我们或许会发现：成功原来可以只是单纯的执著。

很多人喜欢精品、喜欢价值不菲的顶级名牌，意大利、纽约、巴黎等地的世界品牌总是能引起消费者的追捧。但是，这其中真正最该探讨与理解的，并不是其价格的高低，而是其价值的打造。有报章杂志曾经描述，知名精品LV的包包质量好到随泰坦尼克号沉没七十多年，在船的遗骸被发现后，包包依然完好如新。它的许多皮包在出厂前，必须要用机械手臂进行拉练，拉动的次数可达成千上万次。这就是对质量的坚持，也是对细节的坚持，更是对工匠精神的坚持。

在意大利，许多的工艺技术都有两三百年的历史，许多行业的从事者，都是家族式世袭，其品牌存在已经有一两百年以上的历史，拥有厚实的文化以及技术的根底。当然许多国家的民族工业也都有同样的底蕴，这些技术的薪传者，令人非常敬佩。欧洲的传统强国德国也是如此。工厂是现代的称呼，以前称为作坊，而作坊的灵魂人物就是工匠。工匠精神是德国制造的灵魂。过去，例如做鞋的工匠，甚至会在鞋上钉上一个家族的姓氏牌，目的既是署名负责，代表负责的精神，也象征着家族的荣誉。

他们或许没有大师之名，但做事一丝不苟，效率把关严格、甚至成本管控精准，他们的利润是从每一环节中挤出，这样的手工味，让人对其质量绝对信赖。我多么希望学生具备这样的一股浓浓的“工匠味”，就是手工味道。尽管投身在不同行业，从事的是白领的工作，采用的是高级先进设备，但那种工匠味，会让雇主以及周遭同事看到认真负责、丝毫不马虎的工作质量！

今天虽然我们仰望许多领域的大师，但我经常与学生说，很多世界级的大师私底下就是最执著的工匠。工匠一词，没有贬抑之意，而是一种对对所从事工作非常执著与专注的人的尊称。现代人或许会用“达人”一词，但是我认为工匠精神更能传神地表达一个行业的真正深耕技术者的风范。深耕以后，才会开枝散叶、枝繁叶茂。

我在美国的时候，有一位朋友是植物专家。他说自己有一个种植实验。就是两株同样土壤栽植的植物，一株每天小心呵护、按时浇灌、养料肥沃；另一株则偶尔浇灌。两盆植物的照顾方式，若以养育孩子来说，前者是呵护备至，后者则是有点奶奶不疼、姥姥不爱的感觉。但是，奇妙的事情发生了。前者虽然生长得极好，但是当大风雨来时，依然没能挨过，被刮得叶落枝离，残败不堪。奇怪的是，另外一株相对照顾较少的植物，却能挺过风雨、傲然伫立。

我问他为什么会有这种明显反差呢？他笑笑地说，受到照顾较少的植物，自己知道没有办法常常获得水分与营养，于是它必须自力更生，自己寻找可以存活下去的水分与养分，因此它必须不断从土壤中寻求，根也因此就越扎越深，越展延越广。最后它的根部盘根错节，芜蔓庞杂，而抓地力强的植物是不容易被吹倒的。相反的，另外一株植物营养太好，它不必费劲找生路，因为它的获得太容易了。

听完他的话，联想到自己从事的教育工作，我想，教养孩子也是如此，温室的花朵是无法比得过野生植物的抵抗力的。虽然我希望孩子们无灾无难、少风少雨，但是生活不免风雨，没有根深蒂固的抓地力，找不到最好的养分与水分，那要他们将来如何安稳生存呢？

人生的道理即是如此，要想深深地扎根，就要专注与细腻，就要不畏艰辛。但是文凭主义挂帅的时代，是不利工匠精神的倡导与发扬的。文凭主义容易沦为形式主义，只凭一张薄薄的修业纸张，就能印证自己的“学问”程度，于是很多青年学子开始不断追求更高的学历，但过去那种以工匠精神实作提升技术层次的价值观，在社会价值观中则相对受到压抑。很多父母甚至将职业教育者视为黑手，所以不鼓励孩子报考学习。其实，这些黑手，只要习艺精良，都是能工巧匠，令人敬仰。

过去的工艺者，透过师徒制的训练，使工匠终其一生以实作为主、不断精研工艺的内涵，要求自己不断追求质量的改善，每一道工序都不会马虎掠过。他们既有职业荣誉感，也有责任心，从他们身上看到的不仅是纯熟高超的手艺，更是现代人普遍欠缺的敬业精神。而每一位工匠在苦心钻研技术下，也都成为能工巧匠，令人敬仰。这种工匠精神，使其制作出来的成品扎实可靠，从内涵来说，与所谓的大师又有何异?

但文凭主义戕害了这样的可贵。大学文凭滥发的结果，学生的就业竞争力反而下滑。我的学生也会有同样的迷思，总想着进研究所，取得博士硕士的学位。这些想法并不是错，而是在此之外，也不可忽略实务层面的重要性，否则就很可能会眼高手低，空有理论，却完全派不上用场，找不到自己的价值。那样就真是殊为可惜了。

云端与泥地

一个懂得将眼光放远的人，他的世界将无比辽阔。反之眼光狭窄、视野局促的人，只能满足于现状，停步于当下，一点成就即沾沾自喜，这样的人无论得意与失意都容易忘形。记得让自己站得更高，看得更远，迎向更远大的世界，这样我们的精神气度、以及旺盛的生命力，就会源源而现。同样，千里之行始于足下，行远必自迩，多大的理想都是从小做起，要学习工匠的精神，让自己专注、细腻、重视细节带来的整体扎实感受，这才是最稳固的人生基础。

大师与工匠，就像是俗话所说的“大处着眼，小处着手”。我们要时刻提醒自己既要培养宏观的见识，也要刻苦地微观实作。宏观与微观的结论才构成我们完整的处世哲学与态度。

千万记得的是，头要伸进云端，但是脚一定要踩进泥底。伸入云端，可以以高度的视野、视距，综观天下，但不是脚离地面，好高骛远不切实际，而是要踏实地走入人群，实际作为，这样才能综合大师与工匠的两者之长，塑造自己最优质的人生。

发上等愿，结中等缘，享下等福；
择高处立，寻平处住，向宽处行。

第5句

每一次的人生经验，都是一颗珍珠。

每一次的人生经验，都是一颗珍珠。但更重要的是，找出一条绳子，穿过每一颗的珍珠，这样它就会成为更有价值的珍珠项链。

人生是一场串珍珠的历程，每一个过往、每一次的历练，都是一颗弃置的珍珠，只有发掘意义，找出主题，从而将每一次的过往联结，沾满灰尘的珍珠才会联结在一起，熠熠生辉，彼此增彩。这时你才会发现，原来好像没用的经验，竟如此珍贵。

有用与没用

父母与老师都会经常听到子女或学生说："学这个有什么用？真是浪费时间。"

从图书市场就能很清楚反映这个心理现象，就像很多学生会买参考书，不会买课外读物，原因是为了要考试。由于存在考试至上的升学环境，学生的选择就会"务实"了起来。参加工作后也一样，大家只会买商业书籍，不买人文类书籍，因为如何赚钱的书籍才对自己的生存有用。“实用心理学”充斥在当代人的心理，每个人的脑袋里经常回响着两个声音：“有用、没用？”

甚至有时候连父母或老师都会有同样的疑虑。

比如数学吧，严格说起来，我们日常生活中真正常用到的数学，大概加减乘除四则运算就勉强够用了，至于函数、方程式、微积分，好像都与我们的日常生活相去甚远，那么学习这些究竟要做什么呢？

这话听起来似乎不无道理，但是，顺着这个逻辑延伸下去，那我们可以不学的东西真是太多了。比如，如果一辈子不出国，不跟老外接触，只想开店做个小生意，那学英文作啥？如果不当运动员，还上什么体育课呢？这么想下去，真的会没完没了了。

细细地思考，每天的生活多半单纯简单，涉及的领域与活动也十分有限，那么过去求学时代的所有课程与学分，恐怕只有非常有限的项目是勉强与日常生活扯上边的。照这个道理的话，很多学校都要关门，且人类的精神活动那么“现实地”区分“有用”或是“无用”的话，有太多的精神文明大概都要消失了。原因很简单，使用人口少、没有传承的薪火、甚至大家对某项目是完全的一无所知，就会从来不知有这种专业或是知识的存在。

学习，是一种熏陶、是一种潜能开发，当我们接触的学科多了，我们会从接触的过程中，找到自己的兴趣，也会找到一生的方向。谁能一出生就知道自己未来的职业，老师与父母也只能从旁观察，并且让子女学生多多接触，慢慢再帮他们摸索出可能的兴趣方向。若是一开始就直接限定他们的学习，对子女和学生来说，那其实是一种对他们自由选择的无情剥夺。就好比由家长或老师替孩子们决定了他们未来的人生。

人类社会进步的可贵之处，正在于有多元的发展，而非独尊一术。就学习这件事情来说，它是完整的教育，除了学科专业教授，还包括思想熏陶、眼界的增长等多重目的，不能纯以职校式的思考，仅授以"职业训练"作为教育的唯一目的。

从这个角度看的话，若还认为，眼前看起来能用得上的，就认为有用，应该用不上的，就没用，这就不是健康的观念了。

因为懂得人生智慧的人，不会轻易以眼前的短线来论断长期的可能。

苹果电脑创办人的经验

谈到是否有用的话题，苹果电脑创办人乔布斯的例子值得提出。乔布斯在 2005 年 6 月 12 日曾经对斯坦福毕业生进行一场演讲，我在这里摘录演讲文的其中一段：

“我上大学了。但是当时我无知地选了一所学费几乎跟斯坦福一样贵的大学，我那工人阶级的父母所有积蓄都花在我的学费上。六个月后，我看不出念这个书的价值何在。

“那时候，我不知道这辈子要干什么，也不知道念大学能对我有什么帮助，而且我为了念这个书，花光了我父母这辈子的所有积蓄，所以我决定休学，相信船到桥头自然直。

“当时这个决定看来相当可怕，可是现在看来，那是我这辈子做过最好的决定之一。

“当我休学之后，我再也不用上我没兴趣的必修课，而把时间拿去听那些我有兴趣的课。

“这一点也不浪漫。我没有宿舍，所以我睡在友人家里的地板上，靠着回收可乐空罐的五先令退费买吃的，每个星期天晚上得走七英里的路绕过大半个镇去印度教的 Hare Krishna 神庙吃顿好饭。我喜欢 Hare Krishna 神庙的食物。追寻我的好奇与直觉，我所驻足的大部分事物，后来看来都成了无价之宝。

“举例来说：

“当时里德学院有着大概是全国最好的书法指导。在整个校园内的每一张海报上，每个抽屉的标签上，都是美丽的手写字。因为我休学了，可以不照正常选课程序来，所以我跑去学书法。我学了 serif 与 san serif 字体，学到在不同字母组合间变更字间距，学到活版印刷伟大的地方。书法的美好、历史感与艺术感是科学所无法捕捉的，我觉得那很迷人。

“我没预期过学的这些东西能在我生活中起些什么实际作用。不过十年后，当我在设计第一台苹果机时，我想起了当时所学的东西，所以把这些东西都设计进了苹果机里。这是第一台能印刷出漂亮东西的计算机。如果我没沉溺于那样一门课里，苹果机可能就不会有多重字体跟变间距字体了。

“又因为 Windows 抄袭了苹果机的使用方式，所以如果当年我没这样做，大概世界上所有的个人电脑都不会有这些东西，也印不出现在我们看到的漂亮的字来了。当然，当我还在大学里时，不可能把这些点点滴滴预先串在一起，但是这在十年后回顾，就显得非常清楚。”

乔布斯这段话要告诉我们的是，我们一定要相信，每一次我们用心所体会的东西，将来多少都会串联在一块。在我们看不到的地方、想不到的时候，它们就会产生对我们人生的意义。不管这是直觉，命运的安排也好，或者更悬的归之为业力吧，这些生命过程经验的突然光亮，就会让我们的人生大为不同。

所以我们不能太早断定，上帝给我们这段经历到底真正的用意是什么？或许从日后来看，这是无价的珍宝。所以我们碰到任何经历的时候，都要想想这段过程是否有上帝要锤炼我们的智慧目的在内？这些经历或许不是在短期内产生作用，发光发热，但或许在某一个未来的时间里面，我们会突然地用上了这次的经验。

体验的智慧

奇美塑料的创办人许文龙先生是台湾重量级的企业家。业界有个说法是“北台塑、南奇美”，即可知道奇美的事业成就。许文龙先生学历不高，但经营有成，且有独到的经商哲学。他喜欢小提琴、也喜欢钓鱼，在他的身上看到的是如老子般无为而治的管理方式。

许先生有一个很著名的比喻，他曾经说过：跌倒的时候不要急着站起来，先摸摸看地上有没有东西可以捡。

这句话说得有趣但深刻，我们一般人跌倒时，第一个反应是立刻爬起来，但许先生的想法是，既然已经摔了跤，那就摸摸看地上有没有钱可以捡，好替这次的不幸带来幸运的结果。许先生的智慧语录，就说明了我们看待每一次的经验，包括不幸的经验在内，都要有智慧的诠释与乐观的期待。尤其最重要的是，不要立刻断言眼下的经历是有用还是没用。

也许很多事情从眼前看是负面的、是不幸的，但从长远看，日后的发展可能是好的。很多的不幸像是一种触媒，会触引很多有意义的改变。

举个例子来说，营销世界百余国，多次登上世界第一品牌宝座的可口可乐，今天看它在全球的商业世界攻城略地，表现突出，但有多少人知道可口可乐曾经是无效的头痛药。当药不成，或许另有出路，它独特的配方与口感，以及后来在联军指挥官艾森豪威尔的因缘协助下，使得可口可乐公司有了突破性的发展。因为艾森豪威尔发现可口可乐能让士兵喝起来时有仍在美国的感受，为了稳定军心，提振士气，艾森豪威尔亲自写信到亚特兰大可口可乐总部，要求该公司每月给前线战士生产六百万瓶可口可乐饮料。这个无心之举，促成了可口可乐公司迈向全球化的过程。但是，谁能想到原先作为头痛药的失败经验，后来竟能有如此逆转的巨大成功呢?

这种案例若要细数起来真是不胜枚举，又比如说，第一条 Levi's 牛仔裤是用制作帐篷剩余的布料缝制而成的。制作帐篷的剩布，看起来完全没有用途，但却发挥了废物利用的功效，制作出今天闻名遐迩的 Levi's 牛仔裤的滥觞产品，因此，谁又能说看似没用的经验，就不能聚集在一起发挥功效呢?

有心的人，就像是拿废弃材料作资本，废物利用、巧手天成，完成后的惊艳物品，会完全脱去无用废料的荒弃感受。

凭谁都料想不到，一堆废料的组合，竟可以丑小鸭变天鹅，完全脱胎换骨。

无聊，经常是伟大的开始

在某个时空下，很多的经验回想起来确实可能非常不具意义。当时可能是在极端无聊之下才从事这样的学习或是经历。没错，无聊的时刻，我们会为了打发时间，进行或许是“无聊的学习”，但这些无聊可能会变成未来重大的商机。不管无聊与否，不管眼前的学习究竟有没有用，但只要先记得，把握每个学习的机会，总有一天它会派得上用场的。

有句话说，“万般无奈没想到，千金难买早知道”。人生本来就不容易预知未来的可能，我们只能用后见之明的智慧去找出过去和未来之间可能的意义联结。

我记得从历史故事中，看到过一些案例，其中提到无聊时候的观察与应用，结果却造就出重大的思考突破。

比如说：喜欢睡觉的法国哲学家笛卡儿，在隶属军队住在多瑙河畔的时候，有一天，在床上看见了一只苍蝇在墙角飞来飞去到处乱窜。这个情景激发了他要描述苍蝇飞行的念头。后来他想到在每一时刻，苍蝇所在的空间可以用三个数字表示，于是坐标法就此诞生。

又比如说：有一次伽利略在望弥撒的时候，因为牧师的演讲太长，觉得无聊，就开始观察吊灯的摆动现象，由此激发的灵感，使他创造了钟摆的等时性原理。

想象比知识重要。但重要的是，无聊时候的想象，经常就是很多伟大事务的起源。

再回到更近代来说，全球知名游戏机大厂任天堂的游戏设计师横井军平一次出差的回程中，在日本新干线的车厢内看到一幕情景：闲闲上班族无聊地玩着电子计算器的按键。看到此景的他就心想：若能设计出一个专用的游戏机，大部分上班族就不无聊了。这个想法的滥觞造就了他后来创造的Game&Watch。

类似的案例不胜枚举，充分证明了一件事情，每一个时间的经历，即使是无聊时刻，都可能对我们的人生具有高度的影响。但要如何不浪费每一次的经历、充分把握住每一分一刻，使其转化成对我们人生有意义的经验值，就需要一个清明智慧的头脑，想想造物者让我们走这条路的真正用意。

找出串珠子的锦绳

当然或许有人坚持说，我们其实也有不少的人生经验，回想起来好像完全不具意义，只是徒留一段经验与回忆罢了。这种说法对某些人来说是不正确的，原因是，他们也许当时不知道这些经历留待日后究竟何用？

但他们会不断思考，想想过去的经验能否整合、串联，然后集结在某一个主题下，让过去的资历一点都不浪费。或至少，将过去几项重要资历结合，成为新事业或是新目标的无价经验。原来似乎无用的经验，就像是一颗蒙尘的珍珠，失去了应有的光芒，但如果可以找到一个有意义的主题，将一些珍珠串联在一起，这时候那些珍珠就会成为一条无比珍贵的珍珠项链。因此，有心的人会深思自己是否可以找到一个有意义的主题或事业，让其发挥锦绳的效果，将珍珠一颗一颗串联起来。

曾听我的亲戚说过一个故事。

她认识一位朋友，是一位小留学生，长大后回国工作，国外学习的专业是计算机。他的课余之暇喜欢玩模型，喜欢做手工。回国之后，在一家游戏厂商担任电玩开发的工作。因为他的家人多半早逝，所以他渐渐地接触到殡葬业的相关领域。他的一位朋友为了赚钱从事帮逝者化妆的工作，在其朋友的引荐下，他也开始在上班之余兼职做起了同样的工作。但是，有些逝者是出于意外死亡，如车祸、火灾等等，使得这些遗体遭到破坏。接到这样的案例，遗体的化妆工作就非常不容易，如果碰到肢体不全的情况，还得设法将之复元，让逝者有完好的面容离开人间，也可告慰逝者的家属。在这种情况下，他尝试着接触了遗体重建的工作。

他压根没想到专业与兴趣居然在这种时候都派上了用场，比如头部有毁损的，他会利用三D动画模拟出头骨重建，然后再利用一些材料，照着适者生前照片，重新架构完整逼真的骨架。现在的他不仅从事着这些工作内容，还将他的模型天份用在纸扎品的设计与制造上，这些烧给天堂逝者的纸制品，都是生者的心意，也是死者生前的愿望与嗜好。比如他会应早逝小孩的父母要求，制作一整个儿童游乐园，也会替黑道过世的大哥制作纸扎的冲锋枪，且效果几可乱真。除了功德无量以外，这也替他自己开创了另外的事业之路。

没有人会想到，包括他自己在内，模型的爱好会在几年后成为他事业的基础，而他的计算机专业也派上科技的用场，最意外的是，这些竟然是用在殡葬的行业中。这就是我前面所说，一些人生经验，它会在你看不到的地方、想不到的时候，成为了有意义的事情。

特别要说明的是，这条锦绳有主动的情况，也有被动的可能。这位回国的小留学生是在因缘际会下，使得自己的专长全都派上了用场，属于被动发现的情况；但如果可以主动挖掘意义，那就更好了。也就是说，人最好主动去寻找什么样的锦绳可以串联自己过去的经历。

我的一个学生英文程度相当不错，大学时代就在补习班兼课教授英文。他还喜欢写作，大学时候参加过摄影社，对设计构图极有想法。毕业多年后，他想自己创业，研究了各种行业之后，他希望能有一个行业是可以将上述的兴趣与专业整合在一起的。在多种考虑之后，他选择了出版业。他从教授学生的经验，站在学生的角度，规划了一套真正对学生有益的英文学习书，不仅自己撰写，也邀请其他补习班同仁一起合作。由于他也喜欢写作，所以对中文的掌握能力极佳，出版业所需要的封面文案，以及广告标语，他都能以讨巧且具有吸睛效果的文字魅力呈现给读者。每一本书的封面就是门面，主导了一本书受吸引的程度，这时他的摄影美学就派上了用场，但他仍会不断与封面设计者沟通，讨论如何以视觉模式设计出品牌的专业度，打造高度的书籍质感。他的出版公司经营得小有成绩，可以看出他当年深思熟虑之后，才换得这样的成果。

这就是有意义的“过去经验串联”。他不想浪费自己过去的经历，因此必须要思考出一个领域，好整合进过去的资历。每一个资历就像是一颗珍珠，在“出版”这条锦绳的穿透下，真的变成更具价值的珍珠项链。

毕业前夕，我总是跟学生说，毕业后可能需要过好几年的时间才能真正摸索出自己的志愿，但是摸索的过程中，可能茫然毫无头绪，可能生活顿失重心、也可能挫折不断，当然还可能像是游牧民族，一直在寻找自己的丰美水草，而漂泊不定。但这些经验都是好的，都可能播下日后的事业种苗，尽管当时的自己并不知道。

应该这样思考，让自己先从大方向中从事相关的工作、或是进行相关的学习，然后再随着时机变化，慢慢领悟自己的需要，了解自己的能耐，并且观察外界趋势，再缩小范围，最后就能精准地找到属于自己的人生坐标。

这种生命的导引是很抽象的，得靠自己慢慢体会。在不确定的时间里面，会有彷徨、无助，也会有不安定感，但都不需慌张，慢慢克服，多思考、多聆听自己的心声，思考自己到底要走一条什么样的路。渐渐地，就会寻觅出一条专属自己的生命通道。路上的每一次历练，都是一个暗示，都是一个启发。尽管有某些经历日后完全用不着，但也会发挥“删除法”的功能，让我们确认该项经历是日后不适合自己的方向。

人生很有趣，前期多半都是摸索，会走过许多似乎毫无意义的过程，但人生最后是否圆满，完全是看人能否对这些经历做出整合，将这些经历意义化。将人生摊开来看，几十年间，有些日子是如同暗夜摸索，这是无妨的、甚至是必要的，但最后能否慢慢摸索走出幽暗的隧道口，找到出口的人生光亮，就看自己的智慧何时开启，找到属于自己的整合意义。

因此，在你经历一些事情的时候，不要抱怨无聊、也不要抱怨没有意义。人生的每一种历练，都是一门课程，有智慧的人总会从中发现适合自己的启发，会以一个理想统摄所有的过去，而这些经验的总和即是人生最亮丽的珍珠项链。

追寻我的好奇与直觉，
我所驻足的大部分事物，
后来看来都成了无价之宝。

第6句

每个人都有部时光机器，回忆将我们带回过去，希望则将我们带往未来。

日本漫画机器猫小叮当（《哆啦A梦》）是很多人耳熟能详的卡通人物。这个长得像是铜锣烧的漫画人物就有一台时光机器，经常带着故事的主角大雄等人穿越时空，令人称羡。根据报导，许多科学家也致力研究时光机器（The Time Machine），希望真能做到人类亘古以来的梦想——打破时间限制，遨游过去与未来。

科技尽管日新月异，其进步幅度常令人瞠目结舌，我们不禁惊叹人类智慧的可发掘性竟然是如此巨大，但是能使遥远未来的人回到过去世界、或是反之亦然的时光机器，是否真有问世的一天，恐怕理论上可行，现实上却难为。

毕竟这得颠覆太多的物理现象，所以从远古以来即有的时光机器梦想，或许在很久很久的时间内都只会是一种奢望。但是，有趣的是，其实我们每个人早已经具备一部时光机器，就是我留给学生的这句话："回忆将我们带回过去，希望则将我们带往未来。"

把握当下，让人生可持续性发展

很多人的一生经营方式，是属于“非线性式”的，也就是不连续的现象。我的意思是，人生应该是过去、现在、与未来的线性延续轨迹。这三个时间的组成元素，最好能有一致性与连续性，好帮助我们能够从经验找启示，从未来思索发展方向。

因为就像德国哲学家黑格尔所说:“人类从历史上学到的教训，就是没有从历史学到教训。”黑格尔说的就是，人类经常学不会教训，容易经验断层。这是人类发展、或是个人成长过程中，很遗憾可惜的现象。反过来说，如果我们能够懂得利用过往的经验值，就容易使未来的发展较为顺遂。与大家分享这种观念的目的是，希望大家能从连续性、一致性的角度经营人生，而不是断续性、随机式的态度，只谋求等待机会，却少了长线经营的人生观。

先谈将我们带回过去的回忆，比如回忆童年往事，人在现在，心却留在过往，影像历历在目，仿若一幕幕剪影或是停格的分镜，不断重新在我们的脑海缭绕上演。如果过去的经验美好，回忆往事就不是无意义的事情。人生的过程清晰如昨，看着一张张泛黄的照片纪录着逝去的岁月，似乎娓娓诉说着一个又一个的人生纪事，那些人、那些事都潮水般奔赴眼前。我们可能永远忘不了与亲朋好友以及那些关系密切的人之间发生的点点滴滴，每一段与他们共处的时光仿佛就在眼前，都是此刻美好的回忆，总令人心生怀念。

虽然是以前的往事，过去的同事朋友，但只不过偶尔的念及回想，就印象鲜明、重现脑海。这告诉我们，累积好的回忆，就像储存了一张张美丽的纪念照片，可以带我们回到过去的时光，重新贴近与回味那个当下发生的故事。

我曾和学生讨论过一个话题，就是多数的人只注意到有形物质的累积，比如像是金钱的储蓄，看着存折本上的数字不断上升，自己可以感受到一股稳定的踏实感。但是很多人却忽略了“无形的存折”，比如亲情、比如友情，也比如所有经历过、努力过的事情。这些都会累积在我们的人生存折里面，只要在记忆里面抹灭不去，就可以随时提领。

从这个角度，我是要提醒学生，这辈子可以留下多少值得回忆的人事物，这完全要看自己的努力与累积有多少。如果不注重回忆，不懂得为日后的年老时光留下可资回味骄傲的事情，那么他们就不可能把握青春的当下。我勉励学生要切记，“人生总是老得太快，但美好的回忆总是累积得太少”，所以，要尽早懂得为自己做好“人生储值”。

除了人生的各种感情，也就是心理层面的部分需要累积，好提供日后的回忆以外，专业的修炼同样也是要不断储存，好为自己未来的专业能力打下坚实的基础。过去没有把握住，未来仍在未定之天，所以，我们唯一能努力的就是“现在”。

每个现在都是人生的一个“点”，如果能将点连成线，再将线连成面，就能有属于自己的人生成绩出现。累积的力量是很惊人的。这股惊人的力量如果能用在专业上，就会是别人很难剽窃夺取的经验价值。

累积的力量：建立人生的专业数据库

我有位学生一心往演艺圈发展，除了投考表演的科系以外，也寻找了经纪公司好增加曝光的机会。签约后，他经常参与各种露面的机会，像是走秀、接演广告、平面拍摄等等。

尽管不时有工作邀约，但在与我聊天时候他也担心地说，这个行业是吃青春饭，都是靠着外型挣饭吃，但也不知道能吃几年，毕竟能一路演到老的演员或是艺人屈指可数。

他很喜欢表演艺术，也很喜欢看电影，对表演工作有着执著的热情，尽管心里有着上述的矛盾。而且，他说得没错，从事幕前表演的艺人，其黄金期经常是很有限的，所以，很多艺人都有强烈的危机意识。

一般来说，解决这种危机意识的最好方式，就是转往幕后。幕后的工作人员可以有较长期的发展，且不受年龄限制。因此，我鼓励他多为日后的转向作准备，其中的准备方式，除了多上相关的理论课程、多向幕后工作人员请教专业领域的知识以外，我鼓励他多看电影。目标是三年内至少看一百部的电影。

因为我有相关领域的从业朋友，所以，我经常可以取得到电影票。每回有了电影票，我就会赠送给这位学生。但我告诉他，送票的目的，不是让他看电影娱乐，而是要让他进场去做功课。

我建议他，进电影院时，随身携带一本笔记本，即便是摸黑，也要记下隽永的台词、经典的桥段、利落的运镜手法，记录下一切值得纪录的重点。当集合成一百部以上时候，自己就有了相当可观、专属自己的专业数据库。日后若有机会走上幕后的制作、编剧撰写的岗位，甚或是有机会执导演筒的时候，这些在专业领域内累积的丰富的养成教育，就像是等着随时冒出头的灵感，过去的回忆，就会汩汩而出，成为自己最好的创作源泉。不论是在专业领域或是人生体验上，笔记本功夫，既实在又有用。

这种实用作法，我称之为“专业数据库”，适合的领域当然不只是电影圈而已，任何一个专业，都要累积属于自己的数据库。例如，如果想当作家，那就要考虑自己平时是否有保持读书习惯？脑中的数据库是否累积了够多的知识与好的观念，好利于著作时候的引证举例？同样地，从商人士是否对所处的行业业态有深刻的认知？数据库里面是否记载了对手的优缺点、市场的景气荣枯观测指标？如果数据库不存在，只是随机应战，那么我们就无法从回忆中汲取好的武器，因应世局的变化。

每个人的一生，都有一项想投入的目标，为此专长与目标，就应该建立一个人生的专业数据库。当数据库的内容越丰富，就可以随时回忆、找到经验与智慧，让自己能够渡过难关、开创前进契机。个人数据库，就是知识宝藏，它像是取之不尽、用之不竭的智慧泉源。当人心生疑惑，就可以忆起数据库的宝藏，透过对资料内容的分析解读，索引寻获出可能的解答智慧。

所以，现代人的竞争其实是一场信息战争，比的是数据库里面存放的数据量，比的是存储信息的深度与广度。若没有收集专业数据的习惯，就只能脑袋空空，再怎么回忆，都无法找到有效的资源了。

起始的累积是辛苦的，但是为了更长远的路，也为了替日后的专业打下厚实的基础，必须要彻底力行从头累积的扎马步工夫。

我曾和学生分享过一段发愿累积的小故事。深受世界敬重的天主教慈善工作者特蕾莎修女，当年发愿要帮助贫穷中的最贫穷者的时候，主教问她："加尔各答就有好几百万赤贫的人，请问你要怎么帮忙？"特蕾莎修女回答："要数到一百万，也是得从一开始。"

希望，就是梦想的起飞力量

回忆可以让我们回到过去，但我们更需要展望未来，怀抱着什么都可能发生的想法，让希望带领我们通往更好的未来之境。

有一个著名的希腊故事“潘多拉的盒子”。故事中的潘多拉因为好奇心，所以她不顾宙斯之前的告诫，打开了盒子。盒子里面放的都是邪恶的事物，包括灾难、疾病、谎言等等，唯一的一个好东西是:希望。故事中说，当盒子开启的一刹那，那些邪恶事物一溜烟似的冲了出来，里面的瘟疫、悲伤、灾祸都蹿出了盒子。知道闯祸而感到害怕的潘多拉，这才赶紧将盒子盖上。但一切为时已晚，盒子内只剩下“希望”。

这个寓言故事说的是，人世间充满了各种灾难，就像被潘多拉盒子释放的疾厄不幸。但尽管人生有很多不幸苦难，但唯一还保留在我们身边的好东西就是希望。只要有希望就有生存搏斗的勇气。也才能让我们走向未来。

希望，无非就是一种梦想，是对未来的一种期许。每个人无论处在什么境界，都不应该丧失做梦的勇气。遇到挫折，可以暂时地失望，但是不必绝望，只要有希望，人生就可以

有无限的机会与可能。

希望，可以分成两种内容，一种是对人生现况的改善，诸如薪水待遇、居家环境、身体健康等；一种则是勾勒一个全新的愿景，发前人之所未见，以想象力以及创意能力，打造更宏观的人类大梦。

今天是一个创意领军的想象力时代。美国知名的未来学家阿尔文·托夫勒这么说过：“谁占领了创意的制高点，谁就能控制世界，主宰 21 世纪商业命脉的，将是创意！创意！创意！除了创意，还是创意。”

希望，是抵达目的地的一种路径，有时候路径很崎岖艰难，因此必须要有创意去克服困难。创意是一种想象力，既是想象，就常是无中生有。为了某种希望，为了解决某种困难，为了走向更美好的未来，我们经常需要发挥想象力描绘日后的发展远景。就如未来学家所说，创意是主宰将来的命脉。

课堂上我们都读过爱因斯坦的一句名言，“想象力比知识更重要。”但爱因斯坦后面的话也应该让大家知道。“因为知识是有限的，而想象力概括着世界的一切，推动着进步，并且是知识进化的源泉。严格地说，想象力是科学研究的实在因素。”这是爱因斯坦的后语。确实，人类因梦想而伟大。没有梦想，就没有各式各样的发明，就没有办法凿开一眼能够无限开发创意与想象力的涌泉，也就激荡不出各式各样的人类智慧。

创意来自想象力，任何天马行空的起点，都是以想象力作为驱动的引擎。想象来自“想象力”的发挥，生命本来就是一场创作，全然是因为想象力而呈现不同的样貌。人类也因为有了丰富的想象和创意，进而有了丰富未来的密码基因。但是人容易随着年龄的增长，想象力慢慢地消逝，所以我衷心期勉各位读者，永远抱持希望，永远勤于思考与想象，从而才能开拓更多可能。

创意与想象，未必是要打造多么宏伟的计划，其实只要来自生活，更多应用于日常生活中的创意与想象，都是可取的。希望，其实是很抽象的事物，初期是看不道、摸不着的，但是希望的可贵就在于将无形化为实质，透过远景与希望的带动，驱策着我们向未来的目标前进。而且，也唯有“希望”能说服每个人勇敢走向未来。

未来与过去的超级链接

网络时代来临后，超级链接这个词让人联想到的是瞬间进入想要到达的地方。我们的人生如果可以发挥创意的超级链接，也就是在两个完全不同属性的对象间找到一个联结关系，那就可以创造出新的意象。目前的企业招聘也多希望能聘请到跨领域的整合人才。因此，综合来说，这是一个超级链接的时代。

若我们的联结不仅能将不同领域进行联系，同时还能将过去与未来进行牵连，那就是想象力最好的发挥之处。所以，我与学生分享的人生线性关系重点也正在于此。在讲究联想力的联结时代，怎么样可以博古通今，找到古为今用的时间长轴，亦即是开发过去记忆，应用未来梦想的思索关键。

关于这个最好的例子，就是我曾经与同学分享过的台北故宫博物院的做法。藏有五千年中华瑰宝的故宫博物院，已经懂得将古物赋予新意。他们通过各种授权，将历史的回忆重新注入未来的创意梦想，无论是历史人物的公仔、或是山水名画的图像授权，都为故宫带来了活力与生意，也创造了更高的经济产值。故宫的口号很传神，可以呼应本章标题，就是“Old is new”，旧即是新。如果我们真懂得向过去取经，沉淀越多的有用事物，就会有越多的焕发光彩的未来机会。

同样的情况也发生在法国的卢浮宫，这间世界最受欢迎、参观人次最多的博物馆，也开始摆脱向政府要预算的惯例，朝向自主式经营。除了借助馆内场地给电影《达芬奇密码》用以拍摄，收取巨额租金以外，也同意在中东地方授权建立卢浮宫的分馆。卢浮宫这三个字本身就有极大的资产价值，其馆藏之丰，简直就是人类历史的记忆库。懂得利用这块金字招牌，使得卢浮宫不断能面向未来筑梦，甚至有资金制定计划，例如再度邀请建筑大师贝聿铭为其设计作品。

能够将过去与未来连结，其实就彷佛坐着时光机器，穿越了过去、现代、与未来。历史是累积的、记忆也是累积的，累积是历史的进步之源，也是铺成通往想象的未来之路。我要学生多思考这其中的关系，不仅是从历史上、也是从创意、以及竞争力上来思索这种线性关系的重要性。尤其，还要透过自己的双手亲自实践，就如日本经营之神松下幸之助所说：“不是经由自己努力所得的创新，就不是真正的创新。”

我们是不是正朝着自己的人生方向前进？是不是正在

做梦想中想做的事情？只要能在自己的成长过程中选择适合自己的路，并拥有专业数据库的概念，不断投入经验值于数据库中，就不会有“书到用时方恨少”的感慨，从而影响未来前进的脚步了。永远要牢记的是，每个人的“资产”都是累积而来的，富有者的财富是累积而来、万丈高楼也是由平地累积而来，大将军的功勋彪炳也是累积而来，许多伟大的成就与经验都是累积而来的。累积了无数的经验才有今天的呈现。

就像土深叶茂，当土掘得够深，播下的种子才能比较容易吸收到充足的养分，也才能期待未来成长得枝繁叶茂。每个“当前”都能经营得法，每个过程都有自己累积的汗水，以踏实稳健的脚步来实践自己的人生，那么从过去走向未来的步伐才会坚实可靠、精彩可期。避免老大徒伤悲的做法就是少壮要努力，时间长河稍纵即逝，很多人期待未来，但我总跟学生提醒，未来，其实很快就来。千万不要心怀未来还很漫长、未来还很久远的想法，这样的怠惰是毁掉自己人生的最大原因。

未来，始于想象

我们都知道，希望就是力量。希望促使我们坚持下去。最后，带着希望的我们安抵梦想之境。希望也是一种想象，透过想象，我们塑造了不同于眼前的风貌。就如同很多的发明来自于解决生活所需，也来自于打造愿望的驱动力。因为我们希望未来更好，所以我们会想象美丽的新世界，正因为这些想象才让人们不断地进步与发展。

卡耐基梅隆大学教授理查德·佛罗里达在其著作《创意新贵》中写道："人类的创造力是终极的经济资源。"再多的矿藏都可能开采枯竭，但是人类脑力的矿脉却是取之不尽、用之不竭的最大能源。从人类历史上就可以印证这种现象，像是二次战后战败的日本或是意大利，今天都能以制造大国、工艺大国的姿态生存于世，凭借的不是天然丰富的资源，而是不断创意开发的脑力。反之世界上有许多资源藏量丰富的国家，却并没有发展出更好的经济实力，这足以印证，脑力资藏比天然资源要重要得多了。

想象的希望推动历史，想象的希望力量也指引一生。从微观的角度来说，每个人都是凭借希望的支撑，凭借希望的引领，让我们走向未知之境。而无远弗届的想象力超过光速、超过空间，让所有的梦想成为眼前的事实。我喜欢跟人分享英国大文豪萧伯纳说过的一段话:“想象是创造之始，想象你想要的，努力达成你想象的，最后就创造出你希望的。”

想象的力量，就像时光机器的引擎动力，驱动着我们的意志力与精神力。从锲而不舍的努力中，我们成就了想象，完成了梦想，塑造了未来。

人类的创造力是终极的经济资源。

第7句

未来，就像是拿望远镜远眺。若不实际亲临，永远有未知的迷失。

未来，就像是拿望远镜远眺。虽然可以看到许多露出的山头，但无法测量出山与山的距离，尽管望远镜让我们远望，但仍压缩了视觉的距离感。看事物即是如此，以为自己看到了远方，但不实际亲临，永远有未知的迷失。

望远镜现象

物理原理说，望远镜的基本原理是通过物镜和目镜的作用，把远处的目标相对地放大后在人的视网膜上成像。所以，望远镜的作用可以将远处的物体拉到近处，使我们看得远，作到高瞻远瞩，远眺千里。

科技越来越进步，望远镜的倍数不断放大，还有所谓的太空望远镜，像是以天文学家埃德温·哈伯命名的哈伯望远镜，美国太空总署（NASA）于 1990 年 4 月将哈伯宇宙望远镜发射上太空，目的就是拍摄太空中的星象以及天文镜头，协助人类更了解浩瀚无垠的太空奥秘。望远镜的倍数增强，看到的事物越来越多，咫尺天涯，让古代千里眼的梦想得以实现。但是，望远镜再进步，许多细腻的理解仍需亲临现场，才能全面知悉。所以人类要登陆月球、探测火星，目的就是补足望远镜无法做到的部分。

从望远镜看出去，可以看到拉近距离的对象。对于前行者来说，可以帮助我们正确认识前进的道路；对于登山者来说，可以从镜中看到露出的山头叠在一起。但是我们仍然无法知道山头与山头之间的距离，因为望远镜从视觉上仍是压缩了距离，我们的所知仍属有限。

人生的前瞻很像用望远镜看事物，看到了千里之外的冰山一角，但侦测不到冰山底座的厚实程度，以为理解了全貌，但只不过是瞎子摸象，了解的是局部而不是全部。

“一叶知秋”这句成语是说，看见树叶落下从而得知秋天已临。就是比喻透过局部、细微的迹象，就能推知事物发展的全貌。树叶的掉落是秋天带来的自然变化的一种表征，因此可以由此推论出秋天降临。就如这句成语是基于自然的常识，有时候我们确实可以见微知著。毕竟推论需要证据，一些细节都可能有利推论全景。

不过，证据越多才越能印证事务的真切性。人很容易昧于常识，常会在证据不足的情况下，凭借情感或是少数的信息而遽下结论。“望远镜现象”足以提醒我们，自己所知经常不足，弥补的方法就是亲临实境，实地观察。

孔子差点的失误

有个大家都熟悉的故事。周游列国的孔子，在途经陈国与蔡国之间，因兵荒马乱，时局不安，所以三餐不继，只能以野菜果腹。困在陈国和蔡国之间的一行人，连续好几天没有吃到一粒米饭，据说，孔子只好饿得白天躺着睡觉。

弟子颜回设法出去讨米，弄到了一点米之后，回来赶紧烧柴做饭。等到饭快熟的时候，孔子却看到颜回忽然从锅里抓了一把饭，往嘴里一塞。难道颜回已经饿得受不了了，先吃一口止饥？后来，饭熟了，颜回恭恭敬敬地请孔子前来用食，将刚煮好的饭食端上桌。

这时的孔子似乎想找机会教育他一番，便佯装不知颜回抓饭偷吃，说道：“我刚刚梦见了逝去的先父，所以我想把饭处理干净了，好祭奠他老人家。”颜回听完立刻回答说：“不行。

刚才煮饭时有些烟尘掉到锅内，把饭弄脏了。倒掉又太可惜了，所以我就把它抓出来吃了。”

听完颜回的话，知道自己误会了颜回的孔子叹了口气说：“虽然自己的眼见可以相信，但是也不能完全相信眼睛所看到的。”

“眼见为凭”的孔子都可能发生这样的误会，更何况有时候我们根本没看清楚，而是以心理的臆测去想象了解事物呢？了解一个人或一件事情，有时候真是非常不容易的。

这是学生们在求学时候可能都听过的历史故事，故事很清楚地说明了，亲眼所见都可能发生误解。孔子没有近距离看着颜回做饭，只是从背后远观事况，这可能就是种下误会的原因。

有时候，受限于时间、数据的缺乏，很难做到充分的搜证，而且在信息爆炸的今天，如果事事都耗费心神彻底搜证，是不符合现代人所要求的效率的，所以人们经常要在信息不足、但却已有征兆的情况下，做出决策。持这种观点的人喜欢举的例子是，如果吃早餐时候，发现一颗鸡蛋臭了，就可以赶紧扔掉鸡蛋；而不必吃下了鸡蛋，才能判断这颗蛋是坏掉的。

现代人的确面临信息爆炸的问题，也有统计说，每个人每天接触到的信息高达三千到五千条之间，确实惊人。因此现代人必须要训练出一种快速筛检信息流量的习惯，好捡选自己所需的有用信息。这是我在跟学生分享这些观念时候，有位学生提出的疑问。这问题没问错，我们的确是要筛检大量的信息，经过判读之后，重整归纳出对自己有用的内容。

但是，对于做事方式就不是如此了。当我们利用望远镜功能，快速将所有信息拉近眼前后，还需要判断出什么信息尚未收集到。如果只有眼前看到的信息是否足以成事？这些信息是否还有可能的误解，非但不足以成事，甚至可能坏事？这才是“望远镜陷阱”的真正意义。

因为只要有了距离，就有不实的造假可能。最明显的例子是，我们会虔敬信任亲眼目睹的事物，相信“眼见为凭”，但魔术的存在，就足以让人滋生“眼见未必为实”的感悟。大家都看过魔术，许多魔术出神入化，让人摸不着头绪，比如为什么断头台上的演出者可以逃过一劫？美国著名的魔术大师大卫·科波菲尔为什么可以飞越长城、让自由女神像眼睁睁地从千万名观众眼前凭空消失？

本人身兼三种身份——专业律师、谈判专家与魔术师的贾克·帕杰曾著有《为什么魔术表演这么有说服力？》一书，其中就提到："魔术这门艺术，首要的使命在于'让人相信不可能的存在'，而非真正做到不可能的事。"简单说，即便魔术再真，任凭人们想破脑袋也不知其所以然，但我们仍知道那只是手法与道具的结合所致，并非真的有什么幻术，或是有如其所吹嘘的变化发生。

日常工作与生活中，就与魔术表演一样，许多事情都具有遥远距离的特性，容易让人形成信以为真的"视觉假象"。大型魔术表演，其实是结合了很多道的工序，每一个工序有负责把关的人，但这些工作人员也都仅知其中一部分而已，真正的全貌秘密只有魔术师知晓。连身边的工作人员都可能不知其魔术的成因，更遑论远距离的观众了。除非躲在魔术师的身后，否则这一切的确是很难理解的。这就很好地证明了眼见未必为实。

人间的其他事务也是如此，就算亲眼所见，有时候也会因为不了解前因后果，不知其整个布局，只凭一时的眼见，就断章取义，遽下判断。这些自以为的事实真相，其实都可能是极大的"错觉"。英文很有趣，"believe"（相信）这个大家都认得的单词，中间还存在个“lie”（谎话），可见要做到相信，确实很不容易。高明的谎话，一定是有几分的真话含在内，所以我们要有洞见不要被“那几分真”所蒙蔽。科学不一定全是眼见为凭，还是要追根究底的，最好能身临其境（In person），亲自到访。

不能凭想象作判断

如果连眼睛都不能相信的话，那么我们要相信什么呢？相信自己的认知吗？可惜的是，人是主观的动物，一定有不同程度的成见。美国著名专栏作家、传播学者李普曼早在上个世纪初就提出过“刻板成见”的概念。他指的就是，人们往往对特定的事物持有固定化、简单化的观念和印象。确实是，我们很容易对某些特定的事物怀抱着成见或刻板印象，就像每个人都有意识形态，对于某些特定人、事、物的一种烙印般的深刻观点，别人很难动摇。

要避免或消弭可能的误认盲点，重点就在于，万事万物的美妙之处其实正在于近距离地观察它、了解它、亲近它。否则我们会很容易犯片面性的毛病，自认为颠扑不破的真理也会变成谬误，未知也会变成“迷失”。所以，尽管我们的眼光要放得尽量长远，但是切身的体会和观察，才可能提高了解的精准度。

这就好比，只是从电视、电影、或是水族馆中认识海洋生物，还是犹如隔了层纱，而如果学会潜水，就能够身历其境，一窥海洋世界的瑰丽奇美，这样的亲自参与，绝对迥异于隔着金鱼缸玻璃默默观察水生动物之美的感受；也如同照片中的风景照得再美，但是不到现场，仍然感受不到那里的风吹气息、那里的鸟语花香，对大自然美景的体验，必须亲自走访、实际观察，现场所得的深刻、细腻的感受，不是高科技的摄影可以做到的，所以重点还是在于贴近、接触、进而感受。

另外，特别要说明的是，自己的亲自参与和领会，是一种双向式的沟通互动。即便大自然沉默不语，动植物没有发出声息，但是我们如果观察细腻，就可以从其身上找到感悟。甚至透过我们的观测与用心，就可以从他们身上获得回馈。这与观察图片或是影带内容的单向式教授，是大异其趣的。

有句话说，“只是相信天上高挂太阳，并不会带来光明与温暖，还是必须亲自体验，才知道光亮与温暖的滋味。”

“身临其境”的重要性

国外有作家提到一种观念，比如有人问，某个名胜古迹到底是否值得观看呢？他的回答是：“值得看，但不值得跑去看。”这也是种哲学态度与人生观，但是，不跑去看确实会错过很多真相与感受。

固然我们可以透过种种不同的方式，或神游、或卧游，或是书籍与图片、乃至各种声电光影的新媒体手段，可以透过视觉、听觉、触觉等等传导方式，与之交流体验，从而产生“身临其境”的感受。但是，人的感受是复杂而细腻的，有很多细微之处，还很难利用虚拟实境的方式刺激产生。

这就好比一位好的产业分析师、或是企管专家，不会只是坐在研究室看书面资料，而是要去拜访公司企业，实际观摩经营情况，继而从中挖掘到最实际的信息。就像彼得·德鲁克要去通用公司实际访谈、考察，才能够著作成书，绝对不能只采信纸上数据与分析。力求躬行，以实地调查研究进行分析判断，才能成就深刻有用的确切数据。没有近距离的观测，是达不到好的成绩的。

今天很多跨国企业都强调本土化经营。本土化就是希望彻底理解一国的民情风俗。为了入境随俗，他们除了必须要大量阅读某国市场的资料外，更重要的是，实际市场调查、聘用当地人才，甚至将营运总部搬至该国，做到完全融入当地市场。科技尽管使得天涯若彼邻，但诸多人性的内容，毕竟只有面对面，才能充分交流。

我曾经遇见过一位大学修读中文专业的韩国女生，她告诉我说，曾经在大学就读的时候，她找到了一份教授中文工作。对象不是个人，而是到三星企业的一家子公司开课。三星公司在中国市场耕耘有成，在许多中国消费者心目中，其品牌形象甚至超过日本的索尼。这位韩国朋友说，三星公司每年都会派人到中国学习语言，他们知道要有语言的优势才能彻底亲近中国市场。

聪明的韩国公司不只是三星，还有 LG。LG 是韩国另一家手机生产大厂，他们想将手机卖给回教徒，而吸引回教徒购买的方式，不在于低价或是高科技，而是在于将产品与他们的生活习惯作结合。于是 LG 在出厂的手机中装设了全球定位系统，目的是让回教徒在全球任何地方都能够找到向圣地麦加朝圣的方向。可见，非常清楚，很多文化现象是无法轻易从数字中读出的，不贴近现场很难真正领略第一手信息。

我有位朋友是产业观察师，他告诉我一个故事。日本的漫画业者在进军美国的时候，原先想的是日本的市场景况。日本人非常喜欢在电车上阅读书报杂志，因此他们认为在美国，平面的漫画应该也可以如法炮制，方便读者在坐车等闲暇的时候阅读。但后来发现销售并不理想。等到公司派专人亲访美国后才发现，美国不是属于“电车文化”，因为多数人都是开车，而且“开车文化”的美国人对于科技的接受度比较高。因此，日本漫画业者改弦更张，采取手机下载图片的方式，重新接触美国市场，终于改善了业绩。这些案例故事都清楚说明，实际第一线的观察有多么的重要。

再从商业的营销理论来对此进行另一角度的理解。美国哥伦比亚大学营销学者伯尔尼·施密特于 1999 年提出所谓的

“体验营销”（experimental marketing）这个概念。其定义是，个别顾客经由观察或对事件的参与后，从而感受到刺激，进而被诱引出动机，并产生商品认同与购买行为。也就是说，体验营销是透过一些媒介与手法，让消费者感受到产品的魅力与需求，甚至发现自己与产品间的共同经验，产生对产品的共鸣。消费者的体验多属于诱发式的，至于诱导方法，可从贴近顾客的日常情境出发，例如借由一些触动人心的经验与故事，来使消费者对商品发生共鸣，从而达到营销的目的。换言之，体验营销就是让商品或是品牌，直接走入消费者的心里、日常生活里。

今天的消费者是聪明的，他们追求的是符合自我个人品味及感动人心的消费，不再单纯以产品本身作为消费的导向。反过来说，若是违反这个道理与精神，就可能犯了所谓的营销短视症（Marketing Myopia）。这个名词，就如近视眼的人，有些无法看清的模糊处。以企业来说，若是过分专注于产品，一切以自身的产品作为思考的出发点，如相信自家产品竞争力高，没有对手，或是固守在当前产品的成本制造模式，与产品“够好”的特性，却反而忽略了市场环境和顾客需求的改变，就如同近视眼一样，拿下了眼镜，看不清来路，终会使企业的产品过时，昧于环境变化而步上衰败的命运。

再扼要的说明“短视症”，就是喜欢以近视眼看眼前的事物，视而不见、习焉不察，受惯性左右，惰性思考严重。恐惧变化，只墨守成规、保守做事，就像许多重视产品导向、研发导向或是销售导向的企业，却忽略了最重要的顾客导向。只与自己企业的业务亲近，近看自己的周围，却远离了消费者，少了真正的近身理解，终于被消费者所淘汰。

若从管理学上理解，也有同样的呼吁与作法。比如，有很多日文商业书籍都在讲“现场力”，亦即是日本企业重视的“现场主义”。他们强调的是第一线工作，强调三现主义：现场、现物、现实，即以现场参与为重点，以协助管理的做法，帮助了解工厂实际运作的状况，好进行实务的运作与检讨。所以，日本有很多企业的社长（CEO）是从工厂厂长出身。

日本大企业的经营者还有一种说法：“日本的企业是由课长所支撑起来的。”这句话的意思就是，亲身实做、面对第一线工作的中间干部，是一家企业的中坚力量。上述的日本商业现象都说明了，成功的管理要做到对细节的掌握，现场主义强调的就是亲临实境的接触，找出问题的症结，从而使一家企业保有持续改进问题的空间。如果只是坐在冷气房里，以遥控指挥的方式来管理企业，终究会有天高皇帝远、管理不周的毛病出现。

绝知此事要躬行

因此，无论从营销学的精神、管理学的诉求来说，其实都是告诉我们一样的智慧，那就是如南宋诗人陆游的诗所说，“纸上得来终觉浅，绝知此事要躬行。”

从书本上得到的知识毕竟比较肤浅，好像总是未能触及到内心深处，而“行万里路胜读万卷书”，实践是检验真理的唯一标准，要实践就得身体力行，实际参与。因为，要透彻地理解事物必须要透过亲身体验，才能真正把对事物的认识予以内化。这句诗告诉我们，很多事情不可能假手他人、不可能每一细节都借助高科技设备，还是得靠自己身体力行、亲力亲为才能彻底执行。

有一年毕业前，我就将此语写在黑板上，与同学分享、解释，并期勉他们，很多的困境与事务，就是必须采取“现场主义”，一定要在当下才看得清楚，弄得明白。

这是一种良性观念，而且正像日本有句成语所说的“以正导正”。因为有了这样的观念，就会更愿意积极尝试（Active Experimentation），有了“勤走”的观念，渐渐地会培养出更细腻的人生态度。我们会培养出耐心以及敏锐的观察力，避免武断论事，同时懂得让更多证据说话，以更多元的角度分析问题，从而可以更客观务实地面对问题。

因为这样的态度，人生就会进入良性正循环，以好的正确观念，引导下一个好的正确观念，如此循环相生，使自己的人生轨迹不致偏执，容易渐渐趋近正面的成功坦途。“看得远，走得近”，这是我与学生分享这个话题的最后结论。人生的精神，或许可以此作为宗旨吧。

纸上得来终觉浅，
绝知此事要躬行。

第8句

将小事做大、将小事做好，就是大事。

当平安夜的圣诞诗歌响起，就知道是基督徒纪念耶稣诞生的一个重要节日来临了。而圣诞节最重要的人物图像代表之一就是圣诞老人。

圣诞老人的传说已经流传千年，尽管有各种起源考究，但穿重红衣服、白须冉冉、住在北极、拉着飞快雪橇的圣诞老人之鲜明形象，已经是全世界的共同记忆。在平安夜里，孩子总会把一条条五颜六色的袜子挂在床头，期望着起床后原来空无一物的袜子会忽然地鼓涨了起来，原因是这位神秘的人物，总会带给小孩子们盼望多时的礼物。

每当圣诞节降临，圣诞树上就会挂满漂亮闪烁的灯饰，充满热闹和欢乐的气氛，让人不由回想起纯真快乐的童年岁月。

邮差弗雷德

圣诞老人每年圣诞期间都会执行一项任务，那就是挨家挨户敲门，分送礼物。就像报佳音的天使，总是在适当的时候现身在你的面前。

送礼物对圣诞老人来说不是个简单的行程，圣诞老人必须要掌握滑雪技巧，同时驾驭好拉着雪橇的麋鹿，更经常是冒着凛冽风雪昼夜兼程。但是不管气候多么险恶，他仍然得风雨无阻，好顺利地把礼物送到每个人的手中。

担心孩子收不到礼物会失望，担心圣诞佳节的气氛消失，所以任何恶劣天气也阻挡不住年迈的圣诞老人，无论天气如何他都照常启程。有时候到了受礼的人家门口，直接递送礼物，也有的时候为了制造惊喜，圣诞老公公硬是气喘吁吁地爬上高耸的屋顶，将自己肥胖圆滚的身躯塞进烟囱，然后一溜烟地滑进对方家里，奉上礼物。

尽管经历过种种艰难困苦，圣诞老人就像是使命必达的快递员一样，没有借口，务将礼物分赠给需要的人。圣诞老人也很像是我们印象中的邮差，在网络不发达的时代，没有电子邮件的便利，邮差就是我们的期待。邮差就像是爱的传递者，他们知道自己传送的不仅是只字片语，那可能是一份远道而来的喜讯、或是一份暂别或永别的感情，更可能是生离死别的音讯告知，是两个相隔千里的人唯一可以联系的管道。

所以邮差最重要的使命是“信件不送达目的地绝不放弃”。收件人的地址可能是山之巅、或水之湄，山路崎岖难行，水路涉险难渡，但他们就算再困难再危险也不害怕，每天还是克服万难将信件送到收信者手中。国内外流传的邮差故事不胜枚举，因为将送件的目标感、责任感和效率感结合于整个过程的邮差精神，常常都是励志的典范。

全球知名的激励演说大师马克·桑布恩的著作中就谈到了《邮差弗雷德》的故事。桑布恩搬到新家的第一天遇见了邮差弗雷德。弗雷德主动以热情的招呼语自我介绍，也想了解作者的行业。桑布恩感到奇妙的是，这位邮差拥有少见的热情与真诚，并且热爱自己的工作。当桑布恩向弗雷德介绍自己是职业演说家的时候，弗雷德就立即反应说，“那您肯定要经常外出了。”桑布恩回答说确实如此，每年总有个一两百天在外头演讲。

弗雷德听完之后竟然要求桑布恩提供一份日程表，好使长年不在家的桑布恩，若有信件需要别人代收时，弗雷德可以暂时代为保管。听到他的话，桑布恩有点惊讶，因为大概找不出第二位邮差如此热心地为收件人保管信件。桑布恩怕麻烦弗雷德，便回答说，若外出演讲时候有信件寄来，就放进信箱就好。弗雷德又接着说：窃贼会觊觎住户的信箱，若是信箱塞满，就表示主人外出，那窃贼可能就会动脑筋潜入了。

“这世界竟然有人比自己还关心自己的信件。”桑布恩心里想着。但是弗雷德确实将他的信件做了妥善的保管，他不在家的时候，也没有发生信件误投的问题。因为弗雷德就像管家一样，照顾每一封信件。身为演说家的桑布恩将这个故事在演说中经常引述提及，使得许多企业纷纷以弗雷德的精神勉励员工，甚至还有企业设立了“弗雷德”奖。细究起来，邮差“弗雷德的精神”，就是将一般人眼中平凡的小事，全力认真以对，不打折扣、尽忠职守、热爱工作的精神，仿佛让人接受了“超值服务”。

他将一般人意想不到的增值服务，体现在工作中，而让受益者感到惊喜与意外。后来，桑布恩希望对弗雷德的杰出服务表示谢意，于是在圣诞节将近之际，在他的邮箱里放了一份小小的礼物。隔天，桑布恩的邮箱里出现了一封信，上面贴着邮票，可是没盖邮戳。他看了上头的字，发现发信人是弗雷德。因为弗雷德知道把未经邮局投寄的信私自放入邮箱是违法的，所以，尽管是他自己亲自把信从家里送到桑布恩的住处，他还是在信封上贴了邮票，使其合法。他一丝不苟的工作态度由此可见。这封信是感谢桑布恩的礼物，也感谢桑布恩多次在演讲中提到自己的职场表现。

桑布恩这本著作在全球极为畅销，重点即在于书里分享了一个好的故事，弗雷德的工作态度与精神不仅是职场的典范，也是很好的人生启示。圣诞老人也有类似的精神。尽管圣诞老人的故事或许是虚拟的，但是一样地风雨无阻、一样地忠实守护，等时候到了就一定会将礼物发送到受礼者手中。我和学生讨论过弗雷德的故事，也谈到圣诞老人的相似精神解读。在人物榜样上，圣诞老人与邮差弗雷德启示的都是一种精神，那就是我同样希望学生效法做到的——工作就是承诺，只有找方法达成，不能找理由懈怠。

将小事做大、将小事最好，就是大事。

最难风雨故人来

对于世界各国的小孩来说，没有圣诞老人的世界，就像是少掉一个可以大肆快乐的机会。“圣诞节”原本一直是属于宗教的节日，也有人说，圣诞节是种文化的入侵，甚至对于非教徒来说，圣诞节更可能被认为是商人的一种商业炒作，纯粹想要借机牟利发财。但是，我们或许可以从另一个角度来思考圣诞节与圣诞老公公存在的真谛。

首先，当不管东方或西方国家都接受圣诞节作为普世的节日时候，其实，不分人种、地区、与文化的人，都可以共同浸淫在普天同庆共同的欢乐气氛中。这是一个地球村的时代，也是全球化的时代，尽管各国都应该保有自己的珍贵文化，但是也有一些文化透过国际接触与交流后，成为共同接受的符号，圣诞节就是其一。

如果圣诞老人是一种关爱与布施的象征，那今天已经普及全球许多国家的圣诞节，让圣诞老人可以不分贵贱、不分种族、不分语言、不分地区与国籍，也不分性别、更不分你我地博济施众，将爱与温暖传送给大家。这种爱是一种感觉、一种难以言喻的喜乐温暖，没有压力，只有欣喜地接受。

慈善与救济的目的不正是如此吗？当四川大地震的时候，台湾以迅速且丰沛的济助方式，带给苦痛中的川民点滴温暖；当台湾“八八水灾”造成重大悲剧的时候，大陆同样以同理心、关怀心帮助了受难中的台湾人。当然不仅是两岸的互助，世界各国也都闻声救苦，纷纷伸出友谊的援助之手，希望能带给难民些许的慰藉。

没有种族、没有地域的区别，有的只是爱心与温暖的传递。没有种族隔离制度，也没有贵贱贫富的差别待遇，在慈善的角度来说，众生一律平等。于是，每一位赈灾救助者都像是风雪中翩然而至的圣诞老人，让人精神为之一振。中文有句话说："莫放春秋佳日过，最难风雨故人来。"患难才见真情，这也是圣诞老人风雨赠礼可以启发的人生意义。

送礼的真谛

背着大布袋的圣诞老公公是送礼的象征，送礼常常反映出馈赠者的感情投射，也反映出其文化和教育背景、甚至是双方的交际关系，如彼此的了解程度与亲疏远近。从文明的角度来说，只要是发乎内心的合宜送礼，其实是人类互动与交流的进步象征。

送礼既然是一门艺术，每个人的价值观不同，喜欢各异，心中之礼物天差地别。所以，送礼，未必贵重最好；相反的，便宜也未必有失礼之虞。说起来，送礼向来都不是一件简单的事情，经常让人伤透脑筋。尤其当你的送礼对象很多的时候。这个也是圣诞老人另一项难为之处。

送礼是一种相互行为，必须要有一方的赠送，以及另一方的接受才算完成。问题来了，有一些人并不想接受任何不是来自自己努力获得的馈赠，总觉得吃人嘴软、拿人手短，也或者是自尊心作祟，担心有面子的问题。有学生曾来问我：“老师，如果我们真的想送礼表示关切与友善，受礼者的这些‘婉拒’的想法如何消弭？”

这问题问得很好，自己想送礼、但对方有不收的理由与情境呀。送礼真的是一门很大的艺术与学问。

刚刚提到，送礼是友善的表示、是一种互动的双向过程。只有赠礼方，没有受礼方，是不能完成送礼行为的。因此，如何让受礼者不觉得被施惠、没有低人一等的感觉，这就关乎送礼者的态度拿捏了。

从学生的提问，除了谈到礼物的馈赠外，还可以把送礼的内涵扩大到所有的慈善布施。我跟提问的学生说，重点在于送礼者、甚或是救济的施惠者，都要抱持一种感恩的心理。说起来，送礼者以及施惠者反而要感谢受礼者与被救济者才对，是他们给了我们这样的难得机会，才有可能去行善、去表现友善。或许再说得更佛教些，是他们的出现给了我们做功德的机会。

这个世界，不是我们想做好事就能达成愿望的，时机场合都是一种配合，没有这些人的接受馈赠，我们是无法行善积德的。从这个角度说，我们要多么感谢受惠者呢？是他们成全了我们做好事、表达善意的机会。于是有了这种观念，我们就不会出现高人一等的心态，也不会觉得自己有多“伟大”。这些受惠者可能是上天派来的使者，就是要制造让我们施展善行与义举的交流。

就好像，没有人会讨厌圣诞老公公的送礼，因为我们深知在拿到礼物的时候，他绝对不会要求回报，也不会盛气凌人、趾高气扬。于是，收受双方都能皆大欢喜。

我们扩大解读这些施与受的行为与内涵，是要彰显任何的慈善行动，都不应该怀抱“施舍”的心，反而应该怀抱“感恩”

的心，把做慈善理解为是我们得之于人者，而不是施之于人者。在这个过程中，完全是无条件的出钱出力。

“如果每一位行善赠礼者都能抱持如此的观念，那世界的祥和一定可以大幅提升。”我这么回答了提问的学生。

爱的图腾·水滴哲学

圣诞老公公的传说或许不是真实的，但他是一个爱与温馨的图腾。很多国家的扶助儿童机构的孤儿，或是医院里的儿童病患，当有人想要带给他们欢乐的时候，也经常是扮演圣诞老人的角色逗他们开心，让孩子们都沉浸在快乐的圣诞节气氛中。每个人都需要这样的鼓舞与温情。

其实，在我们的成长过程中，都已经有圣诞老人在身边了。真正会在圣诞节在袜子里面放礼物的，并不是圣诞老人，而是我们的父母。从小到大，照顾我们的父母扮演的正好就是圣诞老人的角色。他们会不辞劳苦为我们工作打拼，也同样可能会出其不意，在特殊的时节场合，买玩具礼物给我们，希望我们的节日不会寂寞，希望我们快乐健康地成长。

父母与圣诞老人最大的不同还在于，基本上，圣诞老人对年少儿童的意义比较重大，礼物原则上还是送给小孩子为主要对象，当我们年纪渐长，拿到礼物的机会也会变少了。但是作为父母，不管自己的小孩多大的年纪，那份关心与支持是不会减退的，或许不再是一份玩具、或许不再是隔天清晨起床后打开袜子的惊喜，但是，各种的协助与关心不曾稍逝。

如果说，天下无不是的父母，换个角度对父母来说，天下无不爱的孩子。俗话说：癞痢头的孩子是自己的好。父母对子女的操心与关切，总是至死方休。说起来，父母才像是现实世界中终极版的圣诞老人，无私奉献，而且不分节日，并非只在特定场合或日期才现身送礼物，这是爱的放大与发扬。

感谢圣诞老人的礼物，就是感谢父母的付出。总有一天当自己为人父母的时候，也会扮演同样的角色。无论是大环境的社会救助、或是小家庭的亲情关怀，都宛如圣诞老人的温暖，是人生中的一股暖流，温馨了我们的人生。

谈圣诞节的目的，不只是庆祝耶稣诞生，更希望大家要效法他爱人的精神，就是把爱传送出去。谈论圣诞老公公的目的，是要凸显圣诞老人是爱的使者，尽管有时候拿到的不是礼物，但就算是一封寥寥数语的祝福卡片，都像是天国佳音，让温暖铺满人间。

礼物有无形与有形两种，不论是哪一种，可贵的都是我们这份用心。有时候只要简单的一个拥抱、一个善意的眼神，都是送暖的友善表现。人与人之间的破冰之旅，是要由内心深处出发。当这样细细地思考起来，我们是否也能扮演别人生命中的祝福者、寒冬送暖者的角色呢？

推己及人、照顾关切他人，就是爱的表现。特蕾莎修女说过：“我们试着做的事，或许只是像落入大海中的一小滴水，但是如果没有那一小滴水，大海会变得小许多。”

我们每个人都是渺小的一分子，力量甚微。但我们应该期许自己做个温润干枯大地的一滴水，浸润干涸的土地，给予土地最迫切的需要。

我们试着做的事，或许只是像落入大海中的一小滴水，
但是如果没有那一小滴水，大海会变得小许多。
仁爱

第9句

以责人之心责己，以谅己之心谅人。

“以责人之心责己，以谅己之心谅人”，这是一句可以奉为待人接物准绳的话。句子中的责，不应只理解为责怪，而应解读为“要求”，有一种“责全”的含义。

所以，这句话应该诠释为：以要求别人的心来要求自己，以谅解自己的宽容来谅解别人。

别人与自己是所谓的人我关系，这篇要谈的就是人我关系。

朋友的重要性

人我关系中占有重要一环的便是朋友关系。天生众人，所以个人必须与他人接触。不管是否为群体的动物，单纯从人的依赖性来说，即可知人是无法离群索居的。但是人本有善恶之分，所有交友之道便不得不谨慎了。

《论语》中曾说：无友不如己者。此话是站在进德修业的角度说的。但站在更高的角度，交友设限便是自我设限。虽然我们说：“近朱者赤、近墨者黑。蓬生麻中，不扶而直，白沙在涅，与之俱黑。”环境确实影响人性，要不受恶的影响，当然应该要与良善者为友。但是，人性毕竟各异，若精挑细选地择友，恐失之过度理智；算计过多，就会给人重利轻义之感。

古籍告诉我们："益者三友，损者三友：友直，友谅，友多闻，益矣；友便辟，友善柔，友便佞，损矣。"但是其中的人我交友分寸，还是得靠自己拿捏。与人为友自然必须有几分洒脱，不拘小节，方能与人坦承相见、真诚相待，而不会流于表面的惺惺作态。

当然人生数十寒暑，时间精力俱属有限，自然无法以一己之力，成就数人之功，所以借助朋友关系、人我关系，就可以从所结交友人身上，习得不同事物。除了增广见闻，还能开心胸。

结交朋友的原则，可以以西汉哲学家董仲舒的话作为依据："正其谊不谋其利，明其道不计其功。"意思是说，与人交友目的不在于汲汲于功利，凡是以义气、付出为先，有需自己出力，而能力所及者，必不吝付出。至于该结交何友？其实，天下无人不可为友。这是我们在人际交往中该有的胸襟。达官贵人可为友，贩夫走卒亦可为友，朋友，本无贵贱之分、贫富之别的。

当然人的交友繁多，自然无法人人都成为知己，一般都按交情的深浅、关系的亲疏，作为交处的原则。一个人总要有知己好友，总要有能倾吐的对象，或许一个、或许很多。当年老力衰的时候，围成一桌、谈天说笑、回忆往事，从年轻到年老无所不谈，从甘苦到悲欢，七情六欲的变化，亦让朋友分享与分担。悠悠人生，仿佛有人与之并肩而驰，这种感觉千金难换。

人世一遭，有友与之同欢同哀，处在这世界亦不感寂寞。这些朋友的好处我们都知道，但是，影响朋友结交的心理误区，一定要趁早发现，否则永远处在紧张的人际关系中，也就很难从中真正获益。现代的商业界喜欢把人际关系比喻是人脉存折，是一种可以随时提领使用的无形财富，确实如此。但不以商业的利益角度诠释，只以人际的交流来理解，也应该要重视这种人我伦理。

自己与他人的两种视角

人是很容易不自觉、不自知的，我们常将自己抬得太高，忽略了他人的存在，包括自己朋友在内。而且觉得“世界之大，唯我独尊”。眼睛长在头顶，时时睥睨他人，认为别人太差、总不如自己，若是换成自己来做，一定可以做得更好。于是处处看人不顺眼，老挑着别人的缺点放大观看，找人瑕疵竟成了人生之乐。反之亦然，别人也可能抱持同样心态。于是，相看两讨厌，相互指责，永无宁日。

所谓严以律己、宽以待人，但其实一般人是很难做到的。我们常会姑息自己，替自己的一切过失找寻借口，以求“心安理得”。但是对别人的错误，则极尽攻讦之能事。不把对方责难得体无完肤绝不善罢甘休。可是，当他人有一天也同样地对待我们的时候，我们又会作何感想？设身处地为他人着想，得饶人处且饶人，就算他今日有把柄落在我手中，也不应落井下石；他日我若有难，别人也一样会伸出援手。所以对人要宽厚，这绝非妥协与姑息，而是合情合理的做法。

以有成见或是挑剔的眼光，看他人不顺眼，这就是一种无形的责全对方。而这是多么狭隘的心理所致？时时扮演“愤青”的角色，会蒙蔽了自己的眼界，阻断了自己结交好友的可能。有成见与挑剔的眼光多是来自于不容异见，只要与自己的价值观念相左，就容易心生排斥，甚至以言废人，屏除别人的一切所有。我们可以仔细想想，世界上绝对没有同样身高、眼睛同样大小、两眼距离相等的两个人，所以从“人体工学”来说，自然不可能有两个人看事物“角度”会一模一样的情况。一件事本有正反两面，知晓这道理，便不会处处责难他人了，而是更应该设身处地理解与包容别人与我们的相异处，做到“求同存异”的和谐。

19世纪的美国诗人H.W.朗费罗说过：“我们根据自认拥有的能力来评断自己，而别人却根据我们的所作所为来评断我们。”这就是为什么别人看自己，经常不同于自己看自己的原因。我们以为自己具有某种能力，于是有了某种自信，好像事情已经达成，所以人容易活在自己的想象里，以为“想到”就等于“做到”。但对外人来说，他们看到的我们是行为中的样子，亦即从我们的外在举止来认知我们。所以我跟学生分析了一个相对论，就是“说到”与“做到”。

很多人容易陷入“说到等于做到”的潜意识，不自觉地说得多、但做得少，一不留神就会说了大话，成为“言语的巨人，行动的侏儒”。我们在要求别人守信约的时候，常会说的一句话是“说到做到”，即是要求对方既然说出，就要言出必行。我有一位朋友喜欢拍胸脯说大话，甚至常说谎话，搞得朋友都不愿意与他谈事情。说谎成了习惯的他，尽管朋友很严厉地要求他要“说到做到”，但他总是依然故我。几度严重争执后，朋友厉声对他说，“不再要求你说到做到，而是‘做到说到’。就如听其言、观其行，改成先观其行、再听其言。”这话说得很有道理，我们同样可用来要求自己，也就是先做出来，做到再说。这就应了朗费罗的话，既然别人是从行为中来评判我们，那就先做再说吧。

因此，我们对自己必须要以高标准期许，时时自我检讨，以行动来自我检视，以求将己身臻于完美。也使自己与他人相处的时候，能够不妨碍别人，不惹人嫌憎，进而做到让别人肯定自己的地步。不要替自己找借口，种种的借口只会姑息了自己，扩大了缺点，只会令自己不思改进，自甘堕落，终至一事无成。

菲奥莉娜的说话句型

“甘瓜苦蒂，物无全美”，每个人都有缺点，因此，重点不在于自己是否完美，而在于追求进步的用心。我很喜欢引用名著《天地一沙鸥》的一段话："天堂不是一个地方，天堂也不是一段时间，所谓的天堂，是一种趋近完美的境界。"

天堂泛指我们的理想状态，这种理想状态不是在某一个空间，好像进入到里面，就会立刻进入梦境般的美好境界；同样地，天堂般的理想状况，也不是忽然来到了某个时刻，就立刻感受到美满人生的降临。做个简单的比喻，对女性来说，或许结婚是个梦想，但并不是走入了结婚礼堂，来到了嫁人的时刻，就预示了幸福天堂的出现。这么说，并不是因为婚姻或是感情可能生变，而是，面对未知的人生，本来就可能还有更好的进步空间。美满幸福的镜头不该是一种停格的画面，而是一种连续的运镜，像是连续剧一样地每天上演，所以，夫妻两人应该要一起努力让美好的画面不断延长，让处境越来越好。

归根结底说，人不应该满足于现状，而是要抱持今天要比昨天更进一步的心态，不断改善与提升。人的自我修为亦是如此。不要停格在某一段的时间、或是耽溺在某个舒适的空间，保持进步，才能确保天堂的出现。

当有了追求完善的心理，我们对自己就会产生一种观念，那就是没有最好，只有更好。这不仅是一种自我鼓励的好观念，也是鼓励他人的好方法。说到这里，我想到的是惠普公司前女性执行长卡莉·菲奥莉娜的激励学。在她担任执行长期间，只要有员工工作中表现出色，细心的她从不会忘记送些气球、鲜花、或是其他小礼物以表达谢意。她曾戏称："作为一个成功的管理者，秘密武器就是——气球、鲜花以及一句 Thank You。"

而这些激励是她重视人我关系的证明。菲奥莉娜有一种说话句型，值得与人分享，就是她会对属下说："你们太棒了，但是我知道你们想做得更好。"更好就是追求进步。上司与部属的关系也包含在人我关系之中，经营得宜同样需要智慧。

人我的智慧应该要从自身做起，而不是把重心放在指责别人身上。所以，要将眼光从别人那里拉回到自己身上，多做自我的检视与反省。当别人指责批判自己的时候，想一想，是否真为事实？有过则改，无则勉之。甚至要有闻过则喜的心态，从别人的批评中发现改进的地方是值得高兴的。尤其当别人对自己攻讦谩骂、甚至污蔑之际，能否消弭批判声浪的真正关键正好就是老祖宗的智慧："止谤莫若自修。"

这句话中的“谤”就是诽谤的“谤”，阻止别人的毁谤最好的方法，没有比修养自身更有效果了。我们先把自己做好，才有资格以善意要求别人，如此的话，则别人也能心悦诚服。将争执减少到最低，则人际关系就可期待更为和谐与安宁。

我跟学生说，多要求自己，人际关系一定可以改善。学生回答我说：“老师，如果自己不断反省，但对方仍然不曾停止攻击呢？对方并且说，骂人是他的自由，嘴长在他身上，又能怎么办？”也确实，关于自由这件事情，该如何与人我关系相提并论呢？

自省？自律？自由

什么是自由呢？我很担心学生从媒体现象误解了自由的真相与内涵。自由不是放任，自由不是毫无根据，自由也不能妨碍别人、刻意指摘。

先从教育来说，如果给了太多爱、却太少纪律，生长在这样环境中的孩子，一天到晚期盼的只是别人的赠与，可能永远都学不会施舍与放弃。在德国中学校长班哈德·毕博所著的《有纪律的孩子更优秀》一书中，特别提到一个观念，这些孩子会依照一种方程式过日子，就是“我·一切·立刻”这三个词。家中有小霸王的父母，应该对这段话感触极深。其实扩大来说，受约束力弱、自主性更高的成年人，更可能在人际关系中使用这种心态。当在人际交往中以自己为中心时，恐怕不设防的批评就会乱箭射出了。

所以，人我的相处为什么要深入谈纪律？那是因为自律是来自于自省，无法节制自己，当然容易冒犯与影响他人了。班哈德·毕博说：“纪律是始于他人的决定，而且应该终于自我的决定。”

这句话听起来有点绕口，意思是，每个人的纪律刚开始可能是来自于别人对我们的规定。比如在公司有内规，在军中有军法，在国家有各种法令制度。这些维持秩序运作的规定，是让每个人建立纪律的开始。然而，真正的纪律是内心那座法庭，那本道德教科书，以及我们每一句对自我行为的理性允诺。换句话说，外在的规定羁绊了我们的言行自由程度，但在我们理性发达到一定程度之后，我们就会开始透过自我的要求，做到克己复礼，做到己所不欲勿施于人，发乎内心做到一切合乎规范的事宜。

从外力的限制，进步到内化成自我的约束，这中间一定是由不成熟的时期，迈向成熟的自省认知。所以这位校长说："自由是长期战胜自己、由遵守纪律辛苦变化为自律的晚熟果实，自由不是一个可以借由给予而获得的状态。"这才是自由的真谛。

所以自由不是"生成的"，而是"长成的"。固然现在经常高喊天赋人权与自由，但是真正的自由是经过战胜自己，知道什么是可为的自由，什么是不该的自由，之后所到达的那种境界。这位欧洲知名的校长还说，"能成功通往自由之路的，一定是准备好服从，学会放弃，然后逐步找到自律。"从服从自由国家与公民社会的各种规范开始，渐渐地放弃负面的、不应有的自由滥用想法，再逐步透过自省，找到严以律己的约束，等到内心真的自由之后，才算是真的拥有了自由。

尽管这位德国校长谈的是学生教育，但是他说的话何尝不是每个人都必须思考的自由与自律的真谛。人际的相处，如果没有自我约束的部分，只是高喊自由的主张，那其实就是一种对天赋人权的误读。

不论对自我、或是对他人的批评，都应从正面的立场出发。我提过日本有句成语叫做“以正导正”，就是要以正面的观念导正错误的观念。如果有了过错，却以负面的态度因应，那就犯了双重错误。不要以立场发言，而是以正义公理的标准要求自己与他人。想说服对方，就要先为对方着想，这样你的说辞才能令人信服。

南北战争李将军的故事

以正义公理的标准，而非以私利私心的角度来看待人我关系，是赢取人心与尊重的关键。

有一个美国内战时候的故事，可以拿来说明这个道理。

美国在南北战争的时候，南方邦联的怀亭将军对同阵营的对手李将军颇为忌妒，因此他就到处散布关于李将军的坏话和谣言。

有一次原本有个机会，可以让李将军回报怀亭将军不友善的行为。当时杰弗逊・戴维斯总统因为用人，所以正考虑是否要拔擢怀亭将军，于是他征询李将军对怀亭的看法。令人意外的是，李将军毫不迟疑地赞扬且极力推荐怀亭将军。其他在场目睹的军官们都深感错愕，李将军怎么会推荐一个平时对自己不好的中伤者呢？

事后，有个人问李将军是否忘记了怀亭对他的所有恶意毁谤。“我了解，”李将军回答说，“但是，总统想要知道的是我对怀亭的看法，而不是怀亭对我的看法。”

这是一个很棒的故事，李将军的雍容大度没有让个人恩怨影响，尤其为国举才不应该以言废人，推荐一个对自己不友善的人，这是需要多大的包容呢？这个历史故事值得所有人牢记。在人我关系上，不指责挑剔他人已属难得，更何况“以德报怨”地对一个经常中伤自己的人呢？伟大人物的胸怀之磊落由此可见一斑。

人我之间的交流经常会被当事人做二分法，认为对方不是敌人就是朋友。当是朋友的时候，可能“爱之欲其生”；当是敌人的时候，可能“恶之欲其死”。我们的好恶如此分明，所以人很容易局限在小圈圈中，刻意分清彼此。人有很多心理误区，应该要多思考。就如我在其他文中写过：我们很容易爱全人类，却很难爱隔壁邻居。原因是，全人类是个空泛的名词，我们可以夸夸其谈表达自己的爱，但是隔壁邻居可能是与自己有切身的利害关系，或许是以邻为壑、乱倒垃圾，或许是阳台的花伸进到自家来而起了争执，于是亲近易生侮慢之心，越熟悉的人越容易抱怨了。所以谈人我的关系，其实是很不容易的。

每回在课堂上谈到人际课程，学生关心的只是朋友。他们的心灵里面可能爱憎分明，朋友与敌人分得很清楚，喜欢的就是前者，讨厌的看不顺眼的就是后者。我告诉学生敌人有时候并不是敌人，反而是可敬的对手，甚至是激励自己向上的力量。反而朋友有时候未必能做到这点。我跟他们分享了一段日本故事：

这是16世纪日本战国时代重要人物之一武士上杉谦信的事迹。上杉谦信与另一位知名武士武田信玄交战，他们打了长达四十年的仗。当上杉听到武田的死讯后，竟因为丧失最好的敌人而号啕大哭。长期的宿敌死去应该高兴，但为何而哭呢？答案就是惺惺相惜，敌人值得尊敬才会“为敌而哭”。

朋友的关系、敌人的关系、乃至与陌生人的关系，都是我们生命中的一环。要重视这些关系，宜从自己的观念改善做起。永远要提醒自己，人我关系的和谐是心灵平静的珍宝，它来自于长期、耐心的自我控制，更来自于合理界定彼此关系的观念。而且，人我关系不仅是个人关系的基础，也是国际关系以及商业关系的重要基础。

有了这些观念，就用这一生的时间好好经营。在此我引用教育家乔丹（David Starr Jordan）的话，作为本章主题的结论："'智慧'是知道下一步该做什么，'技巧'是知道怎么做，而'美德'就是要身体力行。"

我们根据自认拥有的能力来评断自己，
而别人却根据我们的所作所为来评断我们。

第⑩句

当你陷入一团糟，唯一走出迷雾的办法，就是帮助别人走出迷雾。

将自己的内心铺展成一张辽阔的地图，让每个与你相遇的人，都能够找到他们的心灵坐标。

说话者与倾听者

心理咨询师最重要的专业训练就是互动沟通。有效的“沟通”其实是一个互动过程，包括说话者与倾听者两个角色。随着沟通的进行，这两种角色会不断地切换。要成就一次有效的沟通，一定是说与听的双向互动，而其中，听的重要性应该是要被加重强调的。

倾听在我们的人际沟通中，是很重要的沟通技巧。对一次成功的交流来说，它所起的作用，应该要占一半以上的比例。因此，在倾听时要设法避免可能会导致不良互动的因素，思考并学习如何有效倾听，好使沟通可以进行顺畅，让彼此充分理解对方。

倾听，真的是很重要的大事。 很多为人父母与师长者不懂得静下心来聆听孩子真正的心声与需要，很容易以自己的角度、大人的世界，想当然认为小孩的言论是不成熟的、是上不了台面的，纯粹是“童言童语”，甚至觉得幼稚到不值一顾。当长辈忽略了专注的倾听，觉得这些是不可思议、乃至不必思议的言论时，他们对孩子的话是无法做出诚心响应的，也无法帮助孩子建立良好的自我观念。倾听表示自己真的在呵护孩子、尊重孩子。若孩子们的成长过程中缺少了灯塔的指引，他们很容易缺乏信心，这也会使他们的人生摸索期无限延长下去。

如果以棒球做比喻，倾诉者像是投手，而倾听者像是捕手。捕手老是漏接投手的球，摸不清楚投手的球路，这就是一位失职的捕手。同理，心灵捕手就是要做到能够接纳对方任何倾诉，不管对方变化的幅度再大，都能够称职地捕捉到来球。

人际的互动，最好是做到“回馈式的聆听”（feedback listening）。学校里面经常会设计一些启发学生互动的课程，例如辩论、专题讨论，以及小组共同合作参加某项展览等等。无论是上述哪一类活动，学生之间为了要认识彼此，建立默契，一开始一定要学会聆听不同意见。倾听是第一步，听完对方意见与说法，然后私下反省自己的角色与立场，再来思索可能的互动。最后归纳出自己的有用见解，回馈给对方。在一来一往的过程中，就可以增进彼此的认识与理解。回馈式的聆听就是不止是听完就算，而是真能够为对方提供有用的意见，善尽一份敦劝的力量。

常年的教育工作，令我有一个发现：课堂上的学生听得多，说得少，不喜欢发言问问题；但是私底下却恰好相反，比较倾向说得多，听得少。所以学生的沟通，经常是把自己的意见想法说完后，好像就认为沟通完毕了。其实在成年人的世界里面也有类似的沟通问题。抒发己见固然重要，但是，聆听才能真正互相理解，才能做到双向沟通。

学英文的人都知道，表示倾听（listen）与静默（silent）的两个英文单字，是用同样的字母组成的。有人说，或许这是造字者的安排，借此告诉学习英文的人，必须要静默，才能专心聆听。无论是什么情况下的沟通互动，保持安静的聆听是作好沟通者的先决条件。

美国前总统里根因其口才便捷，很懂得运用引述小案例，把错综复杂的事物说得言简意赅、简单有力，因此被史家认为是“伟大的沟通者”（The Great Communicator）。但伟大称职的沟通者，不是仅来自于滔滔雄辩，更来自于洗耳恭听。

解放黑奴的美国前总统林肯说过一句很有哲理的话："当我准备劝服别人的时候，我会花三分之一的时间想想自己、想想自己即将要说的话。而另外三分之二的时间，我会用来想想对方，想想他会说的话。"这句话就深刻地诠释了沟通的精神。

所以，我鼓励学生要做的是"伟大的倾听者"，包容、倾听、接纳我们遇见的倾诉者，做一个"心灵的陪伴者"，帮助化解对方的负面情绪，使他人生的能量能转负为正。尼可斯博士曾经说过："真诚的倾听，是可以避免让关系破裂与干涸的。"倾听时候的真诚，是互动成败的关键。

每个人都是心理咨询师

心理咨询师这个职业是影响人性的隐性力量工程。好的咨询师在反馈给对方的意见中，真的仿若为一时迷失的询问者提供了心灵坐标，简单的几句点拨提醒的话，就能把一些隽永的、富含启示的人生道理传递给对方。这是一种极具价值的生命价值的传导。

我们常说：经师易得，人师难求。也就是说，专业科目的老师容易碰到，但是要遇见一位言传身教俱优的人生导师，足以深刻启蒙我们生活智慧的教导者，殊属不易。能遇见一位指引我们的心灵导师是非常不容易的，尤其是随着我们成长之后，许多偏执的成见像是烙印，深深地镌刻在每个人的脑海，很难改变、很难被说服。

所以从事心理咨询师并不是一件简单的事情，甚至是一件很了不起的事情。

有一次我遇见一位心理学的教授，他说，早期的心理学是“知道”与“定义”现象，但后来的心理学演进是更进一步要知其现象的成因。

确实是的，从“知其然”到“知其所以然”，常常要历经非常漫长的过程。给个命名很简单，但解释与理解现象的由来，就必须要进行深入的分析，才能有客观的研究结果。

同样地，如果假想自己是心理学家，我们不是只“定义”或是用名词去“定位”倾诉者的现象，而是要做到能了解别人，探索对方的处境。人的心理是个谜，亦即每个人的内在心灵，都有某部分的人格特质是连自己都无法知晓的。所以，很多的现象是无以名之的，重要的是如何去理解中间的心路历程，以最大的善意，提供可能的建议。

我鼓励每个学生都能是某种程度的“心理咨询师”。只要我们愿意在别人成长与探索的过程中，给予他需要的支持和精神力量，给予力所能及的陪伴，就可以是无照、但却称职的心理咨询师。

心理咨询，是一场“心灵探索”的神秘旅程。要理解与体验它的丰富涵义，需要用全心的投入，深刻阅读对方的表述、乃至行为，才能给予对方有益的建言，帮对方做到“心情的重整”，进而孕育出“心灵的重生”。我曾与一位有志于此的学生有过如下的讨论内容：

〈一〉先了解生命是一趟什么样的旅程？

生命是一场奇妙与惊奇的旅程，每个人都要亲身经历体验，才能真正进入它最幽微的角落，领悟所发生的每一件事的哲理与用意。它是一场迷宫寻路的过程，也是一场试炼人生的旅程。不管这个过程是顺风顺水，或是惊奇不断，它不仅发生在现实的人生中，也发生在心灵的探索中。原来，世界上每个人的心理或是遭遇，都有太多的意想不到。但即若是遇到任何的痛苦挫败，作为被咨询的人，都要有智慧与仁慈，学会用累积的人生智慧作解析，像个牧羊人一样，尽责地将迷途或是遇到挫折的对方，带到水草丰美的地方安歇。

无疑地，人生确实是一个未知的领域，但也正因如此，人生正是一场最有趣的探寻过程、或者是一场理解生命的挖宝游戏。你永远不知道未来会发现什么样的经验宝物。从他人的生命经验中，我们同样可以获得很多的经验和启示。从另外的角度也可以说，人生的过程其实很像吉他的和弦转换，每一个经历，都像是音符的切换，让人心灵颤动，但串成流泻的音符都是美妙的音乐，聆听后会让人心生共鸣。听人说话的用意也是如此，我们都应该专注聆听，然后心有所感，甚至心怀喜乐地分享他的生命经验。

我的一位学校同事就是所谓的心理辅导老师，他的职责是引导仍在血气方刚、懵懂阶段的青年孩子，帮助他们认识自己内在的心灵世界与人格特质，从成长中去认清自己的人生意义及愿景目标。他曾经跟我分享自己的辅导经验。他提到，每次有学生找他谈心事的时候，他通常先不说话，只是静静地听。倾诉的学生可能边说边哭，可能充满情绪，我的同事总是一直听，有时候点点头、有时候皱眉头，很专注地投入在对方的描述中，当然偶尔也会拍拍对方的肩膀，甚至搂搂对方给予安慰。有时候，学生说完后，好像情绪就已经纾解一大半了。他说，其实很多人都有自我疗愈的功能，都会慢慢地恢复心情，而且很多道理他们并非不懂，他们所迫切需要的，只是找个人说话而已。

可以知道，心理咨询师对心灵世界的探索，是透过对方的表述，来了解其个人的处境。没错，心理的疑难杂症、或是复杂的情境，经常是没有办法立即协助解决的，但是，我们的态度与耐心，有时会比建议更有效果。尽管人生这个旅程中确实充满了未知，其中的奥妙与变化，也绝不是任何一个聪明人可以预测的，但是，陪着倾诉者一起探索他的内心世界，虽不能立即拨云见日，但亦可助他慢慢地拨开迷雾，一点一滴地让他的心情复原归位。心理咨询的陪伴作用是在此发挥效益的。

倾诉与聆听是一趟两个人的探险，旅途中，两人其实是在相互扶持与打气。尽管其中一人拥有较佳的心理状态，但也会从另外一人身上获得可贵的启示，找到自己可用的人生意义。

（二）不是“好为人师”，而是“以经验为师”的分享与分担

倾听与心理咨询的工作，最要把握的心态，就是不能以高高在上的姿态，对前来的心灵求助者，给予“指导式”的教诲。只要存有“以上教下”的心态，就不会是很好的交流程序。简单说，当他人身处弱势，正感人生难为之际，我们应该是发挥同理心，以感同身受的态度，体悟对方的心境，能够感受他的苦、以及问题的所在，借此走进他的心灵世界，与他同游情境、共话处境。

懂得为他人的处境下个脚注、出言建议，不是“教导”的表现，而是“引导”的作为。协助对方寻觅人生的意义，为对方漂泊的心灵定下坐标，使得对方心灵有所归依有所安顿，就容易帮助对方不为境界所困，助其走出困境，化危机为转机，从而进入“境由心造”的更高精神层次，并逐步地协助对方建立良好的心理素质。

我曾在杂志上看过美国脱口秀女王奥普拉演讲的一段话：“当你受伤，就去抚慰别人；当你痛苦，就去帮助痛苦的人；当你陷入一团糟，唯一走出迷雾的办法，就是帮助别人走出迷雾。”这段话的精神就是，具有同样不堪的人生经验者，在

做经验分享的时候，能够更深刻细腻地理解对方的心理，而比较不会像是局外人的空洞安慰。

当然，心理咨询师不可能、也不必都非得具有悲痛的经验不可，但奥普拉的这个说法确实可以提示我们，经验分享的重要性。某种程度来说，我们的倾听，不是以“好为人师”的姿态，给予对方自以为是的建言，而是最好以“以人为师”的态度去进行交流。对方的经验与处境，确实像是一位老师般，告诉我们人生的喜怒哀乐，与风雨变化。

对于听到的人生问题或苦痛，我们不能代替他们受苦，不处在当事者的真正处境，再如何地感同身受，都要打些折扣的。所以，我们有时候能做的只是陪伴、只是安慰，而不是真正地给予对方立竿见影的解决药方。而经验，就是最好的药方，我会从惯例中找到情绪的出口。

〈三〉有时候不要打扰反而好

有一次我在电视上看到一个访谈节目，主持人询问一位知名导演，他罹患忧郁症的时候，自己认为最有效的缓解方法是什么?

这位导演说，因为他平常有很多朋友，所以当他陷入人生的情绪低潮时，很多好友会打电话给他，甚至是到家里探望他，说的鼓励语言都是“你这么有名，人生也顺利，怎么还会忧郁，看开点啦”诸如此类的话。

其实，这种安慰模式很有讨论的必要。名人也会忧郁，顺风顺水的人也会因为一个偶然事件而忧郁。忧郁的可能成因很多，当我们以“他怎么可能会？”去联想时候，就很可能轻忽问题的严重性了。

这位导演还说，当时他最想做的是一个人静一静，但是一些好友来访，又不能不出面招待与陪伴，结果非但于事无补，反而让体力更糟，心情更觉沉重。由此可见，有时候不必急着做出反馈，适度让对方有个心灵空间，有利于其心情的慢慢沉淀，其实对对方的心情平复是非常有帮助的。

好的心理咨询师懂得察言观色，也懂得什么时候该说、什么时候不说，什么时候该给对方一个自处的空间与时间。这些都是要慢慢训练养成的专业素质，也是作为一位倾听者该学会的助人技巧。

〈四〉心灵地图如何画成

做为一个可以帮助别人的人，虽然不是要好为人师，但是还是要期许自己有更好的学识、见解，好具备宽解他人的能力。我们遇到问题的时候，会希望找到层次视野优于自己的人，从请教中获得照破黑暗的智慧光芒。回头来说，当我们自己年纪增长，学历见解提升，也会成为别人的请教对象。这时候，自己是否具有洞见与人生智慧，得以略尽绵薄之力协助他人呢?

如果自己的智慧不足，视野窄浅，是无法扮演好心理咨询师的角色的。若自己的心灵地图不够辽阔，如何可以让迷航的船只悠游其中，找到停歇的坐标与港口呢?

所以我鼓励学生要多读书、要增广见闻，多从心灵角度设身处地思考对方的处境。一方面要修习智能，从广泛的学习与阅读中，理解人情世故，以及人性的复杂，此外，我们的内心更要培养出心胸豁达、气度恢弘的人生眼界。若自己可以心胸如大海，那我们就不会担心遇见浊浪恶水，因为大海可以将之含纳其中。我们才能有化解对方困境的能力，就像蚌包容一粒沙，慢慢地终会使其成为珍珠。

这样宏阔的人生胸襟与视野，要自己来培养；因为，我们能提供的深度或广度，是看自己个人的生活及发展究竟能提升到什么境界。一颗有着大海般包容能力的心，可以拥有温柔呵护、照顾别人的无形力量。

当然，纯粹只有感性的劝导是不足够的，还要有丰富的学识作为知性的基础。知性与感性就像是经度与纬度的定位内容，两者的兼具才能共构成一座“心灵灯塔”，才能仿若在广大地图中，提供了心海罗盘的功能，为对方心灵提供方向的指引，让倾诉者与聆听者从而成就一趟心灵交织的旅程。这其实才是一场心灵飨宴。

说个比喻。对运动员来说，教练是自己专业领域最重要的启发者、引导者。而如果把人生比做运动场，每个人也会需要有人生教练（Life Coach），即是顾问，在需要的时候，适时地醍醐灌顶，给予自己生活的指导。人生的问题复杂多元，远甚于运动场上的遭遇情境。心灵导师就像是人生教练，必须要适时适度给予求助者建言，好让对方能在人生的场合，像运动员一样地适应场地，发挥最大的表现，创造最佳的成绩。

每个人都想被听见

成长是一趟发现的旅程。所以，从小到大，我们不断地寻觅，寻觅自己心灵的坐标，试图在茫茫大海中定锚，找到依归，捕捉自己存在的意义与道理。在人生中，我们需要独白，从独白中自我思索一切的人我意义，也需要对话，从对话中找到安身立命的可能启发。所以，我们每个人都会有倾听、也会有倾诉的需要。

本章内容最后要强调的是，不只是碰到问题的人，才有倾诉的需要。每个人都会有孤单的时候，孤单常被视为是痛苦最普遍的来源，心灵的孤寂感会产生有陪伴的需求。而解决的方法就像心理学家所说，人有被了解的需求，也有被肯定的需求。所以，人人都有“被认同”“被看见”“被听见”的期望。

因此，可以确定，我们每个人都有“想被听见”的心理，但并不是每个人的声音都能被充分听到，也不是每个人都会起而行、有勇气去寻求专业人员的慰藉与建议。所以，如果我们每个人都是善解人意、愿意倾听的，那真的可以一定程度地疏解现代人的心理状况。

每个人的心灵，在一定程度上，都像是大海寻港的流浪船只。人生有太多的不确定性，所以很多的疑问，很多的不安定感，随时都在我们心里窜生。倾听与倾诉，是角色的经常性互动，今天我们是前者，明天可能就是后者；今天能帮人解决问题，明天可能要求助于人。

这是人类的可贵经验，也是我一直敦勉学生的：人际关系是一种互助共同体的关系。

《圣经》中说："施者比受者更有福，因为施者比受者更富有！"

而施者与受者，有时并不是分得很清楚的。在倾听的同时，自己也可能受到启发，从而有了更好的观念与人生哲学。所以，往往受者就是施者，施者就是受者。

借着这样的观念，我们可以一起走进彼此的心灵，探索相互间内心深处的奥秘，互相协助找到彼此心灵安歇的角落。

当你陷入一团糟，唯一走出迷雾的办法，
就是帮助别人走出迷雾。